KB230886

# 도덕 판단교육, 합당성 개념에 길을 묻다

# 도덕 판단교육,
## 합당성 개념에 길을 묻다

| 김혜숙 지음 |

어떻게 하면 도덕 판단교육을 제대로 할 수 있는가?
그를 위한 적절한 개념은 무엇이고
그를 구현하는 데 적절한 접근법은 무엇인가?

한국학술정보[주]

# 감사의 글

이 작은 글 뒤에는 참 많은 분들이 숨어 계십니다.
그래서 감사함이 천·지·입니다.

먼저 오랜 시간 내 삶의 의미였던 나의 반 모든 아이들에게, 그보다
더 오랜 시간, 교육을 함께 고민했던 서울교대 철학연구회 동지들에
게 감사드립니다.

무엇보다 어린이 교육에 대한 뜨거운 열정과 멋진 아이디어를 보여
주신 '어린이 철학교육연구소'의 매튜 립맨 교수님께, 30년 가까이
교육에 대한 저의 학문적· 실천적 사유를 이끌어 주신 이초식 교수
님과 박범수 교수님, 박진환 교수님께, 의미 있는 교육에 대한 열정
과 신념으로 자신들이 가진 모든 것을 바치고 있는 아이러브씽크의
멤버, 이상덕, 차정일, 양원석, 김재홍에게 그리고 딸로 아내로 엄마
로 너무나도 엉성한 나를 눈감아 준 가족들에게, 특히 나의 두 아들
범이와 온이에게 고마운 마음을 전합니다.

덧붙여 이 글과 관련하여 전체적인 아이디어는 물론 목차 하나하나
까지 지도해주신 박진환 교수님께 한 번 더, 그리고 꼼꼼히 읽고 수
정할 부분을 세심하게 체크해 주신 박균열 교수님께 감사를 드리며,
책으로 묶어주신 한국학술정보의 출판관계자분들께도 감사의 마음을

전합니다.

끝으로 교육현장에서 고군분투하는 대한민국의 모든 선생님들과 저의 이 작은 성취를 누구보다 좋아하셨을 나의 아버지께 거칠고 성긴 이 글을 바칩니다.

2008년 10월
김혜숙

# 차례

## Ⅳ. 립맨의 합당성 개념과 그 구현 방안 / 97

## V. 합당성을 핵심으로 하는 도덕 판단교육 / 167

# Ⅰ

## 도덕 판단교육을 위한 갈망

# 1. 도덕 판단교육의 문제

도덕교육은 참으로 간단치 않은 기획이다. 도덕이라는 이름으로 우리가 각자 생각하고 있는 것이 무엇인지도 간단치 않고 그래서 공동의 합의는 더더욱 힘들다. 더구나 그런 것을 다음 세대에게 가르친다는 것은 우리들에게 수많은 난관을 준다. 도덕교육에 관한 한 우리는 아주 본질적인 것에서부터 그 토대가 나약하고 어지럽다. 그래서 다른 교과이론이나 실행들이 하나의 연구를 바탕으로 다른 하나가 쌓여 가는 진보를 보인다면 도덕교육은 언제나 도덕이 무엇인가부터 물으면서 제자리를 돌고 있다. 항상 절벽 밑에서부터 다시 돌을 들어 올려야 하는 시지프스의 신화처럼 말이다.

그래서 우리의 도덕교육은 항상 어렵다. 도덕을 무엇으로 보느냐에 따라서 이성과 감정, 자율과 타율, 상대와 절대라는 이분법적 갈등들이 야기되고 그에 따라서 도덕교육 이론은 물론 실제적인 측면에서도 도덕과 교육과정의 구성과 운영에 혼란을 불러일으켰다. 아이들이 지녔으면 하는 덕목을 나열해 놓고 가르치라면서 동시에 아이들을 도덕적으로 생각하게 하고 토론하게 하고 그 속에서 판단하게 하라는 모순은 교사들을 혼란에 빠뜨린다. 물론 교사들의 이러한 혼란은 학생들에게 고스란히 전달된다. 교사들이 자신도 혼란스러운 기획을 학생들에게 의미 있게 구성해서 안내한다는 것은 무리이기 때문이다. 학생들에게 도덕수업 시간은 대부분 지루하고 의미 없는 시간이다. 예화로 가득한 교과서를 읽고 끝부분에 제시된 질문에 대해 각자 답을 말하고 끝나는 경우가 허다하다. 이러한 활동은 아이들에게 지적인 도전을 주지도 못하고 그렇다고 감정적인 흔들림을 주지도 못한다. 더욱이 자신들의 삶이나 문제들과 관련하여 특별히 의미 있는 행동의 변화를 이끌지도 못한다. 도덕수업을 받는다고 해서 달라지는 것도 없고, 받지 않는다고 해서 별로 달라지는 것이 없다고 생각한다. 그래서 도덕과 교육은 교사들에게도 학생들에게도 외면당하고 있다. 도덕교과를 월요일 1교시에 배치하는 경우가 허다하다. 결국 이러저러한 도덕교육의 난항 속에서 가장 피해를 많이 보는 사람은 역시 아이들과 교사이다. 초등교사로서 오랫동안 재직했던 본인에게도 가장 고민이 되었던 것은 바로 도덕교육이었다. 특히 도대체 도덕수업 시간에는 무엇을 가르쳐야 하고 또 어떻게 가르쳐야 하는가라는 질문이 글자가 빼곡한 교과서와 지도서를 보고도 내내 해소되지 않았다. 그럴 때마다 끊임없이 스스로에게 되물어 보는 질문은 '도덕교육이란 과연 무엇인가.' 하는 것이다. 시지프스의 절벽 아래에 다시 서 보는 것이다.

　도덕교육이란 무엇인가. 이것은 도덕의 본질에 대해서 고민해야 하고, 교육에 대해 고민해야 하고, 또 그것을 적절하게 연결하는 연결고리에 대해 고민해야 답할 수 있는 매우 복합적인 질문이다. 이 질문에 어떻게 답하느냐에 따라 도덕교육의 이론이 달라지고 구체적인 접근법이 달라진다. 하지만 최근에 이 질문에 대해서 우리가 대체로 합의하고 있는 것이 있다. 그것은 도덕교육이 도덕적인 인격을 갖춘 사람을 기르는 일이라는 것이다. 즉 도덕교육은 인격교육이라는 말이다. 물론 인격을 무엇이라고 정의하느냐에 따라서 논의의 소지는 있지만 도덕교육이 덕목을 가르치는 것이라고 주장하는 사람이든 아니면 도덕적 사고를 길러주는 것이라고 주장하는 사람이든 모두 도덕의 문제를 단순한 기능적인 차원을 넘어서 인격이라는 좀 더 전인적인 차원에서 보려고 한다. 이런 점은 매우 고무적인 일치이다. 그렇다면 문제는 도대체 도덕적인 인격이라는 것이 무엇이고 그것을 어떻게 제대로 가르칠 수 있는가 하는 점이다.

도덕적인 인격이란 무엇인가. 사실 이 말은 우리에게 제7차 도덕과 교육과정을 통해 매우 친숙한 말이다. 왜냐하면 제7차 도덕과 교육과정은 리코나(T. Lickona)가 이끄는 미국의 인격교육 이론을 바탕으로 그려진 그림이기 때문이다. 미국의 인격교육은 당시 지배적이었던 인지적 접근에 대한 비판에서 출발하여 이전의 덕교육적 접근을 기본 골격으로 하고 있다. 그래서 우리의 도덕과 교육과정은 몇 가지의 덕목을 정해 놓고 그 덕목을 아이들이 수용하여 실천할 수 있도록 다양한 방안으로 풀어 놓고 있다. 그에 따라 제7차 도덕과 교육과정은 도덕성의 인지적, 정의적, 행동적 측면을 고르게 다룬다는 통합적 접근을 표방하고 있지만 그 본질은 덕교육적 접근의 테두리 안에 있다고 볼 수 있다. 도덕적인 사고를 기르는 것은 덕목을 알고 그 정당성을 이해하는 수준에서 이루어지고 있으며, 도덕적인 정서라는 것도 대부분 덕목에 대한 정서적 수용이라는 관점에서 이루어지고 있다. 그러므로 현재의 초등 도덕과 교육과정이 전제하고 있는 도덕적인 인격을 갖춘 사람이란 주어진 덕목에 순종해서 실천하는 사람이다. 그것이 표방하고 있는 것은 어떤 것이든 말이다.

그러나 주어진 덕목에 순종하여 실천하는 사람을 도덕적인 인격을 갖춘 사람이라고 할 수는 없다. 왜냐하면 이것은 도덕적인 인격을 지나치게 협소화시키고 있을 뿐 아니라 도덕의 문제에 있어서 인간의 주체적인 작용을 과소평가하고 있기 때문이다. '질서'라는 덕목을 지키기 위해서 담임선생님이 지시한 대로 복도나 계단을 다닐 때마다 뒷짐을 지고 다니는 아이들을 보고 도덕적인 인격을 갖추었다고 평가할 수는 없다. 도덕적인 인격을 갖춘 사람에게 있어서 덕목이란 주체적인 음미와 판단을 거쳐 스스로 얻은 것이지 그것을 가지도록 종용되어 수동적으로 갖게 된 것이 아니기 때문이다. 이런 점에서 도덕적인 인격의 핵심은 도덕적인 문제에 있어서 주체적인 판단능력을 가지고 있느냐 하는 것이다.

특히 21세기의 세상에서 도덕적인 인격을 갖추었다는 의미는 주어진 덕목을 그대로 수용하여 적용해도 크게 무리가 없었던 시대와는 의미가 다르다. 현대의 도덕적인 문제 상황이 얼마나 복잡하고 난해한지는 누구나 아는 사실이다. 복잡한 문화와 생활패턴으로 우리가 부딪치는 문제들은 항상 개별적이고 생경하다. 그런 문제들이 몇 가지의 덕목을 알고 그것을 지킨다고 해서 해결될 수는 없다. 역시 주체적인 판단능력에 기댈 수밖에 없다. 결국 우리 시대의 도덕적인 인격은 도덕적인 판단능력을 핵심으로 한다. 도덕교육이 도덕적인 인격을 교육하는 것이고 도덕적인 인격이 주체적인 도덕적 판단능력에 달려 있는 것이라면 도덕교육의 핵심이 도덕적인 판단능력의 함양에 있다는 것은 자명한 일이다.

더구나 우리나라는 역사적으로 오랫동안의 농경사회로 개인적 판단보다는 규범에 대한 순종을 중시하여 왔다. 유교적인 전통 역시 수직적인 인간관계를 중심으로 예를 중시하고 덕목을 강조하면서 순종을 미덕으로 여겨 왔다. 뿐만 아니라 일제의 식민지와 오랜 군사독재는 주체적인 판단능력을 고사시켰으며 다수에 편승하고 전체적인 대열에 끼어야만 안심이 되는 인식적 습성을 배태시켰다. '가만히 있으면 중간은 간다.'는 자조적이고 체념적인 자기 판단의 포기가 만연하여 왔다. 혹자는 냄비처럼 열광적으로 끓었다가 사라지는 우리나라의 월드컵 응원과 같은 군중 심리적 문화 행태 혹은 유행에 민감하면서 지나치게 유행에 동조하려는 경향 등을 전체에서 이탈하지 않고 자신을 그 속에 끼려는 예속의 심리로 해석하고 있다. 우리의 이런 인식적 습성들은 각자의 주체적인 판단능력을 함양할 심리적 동기와 기회를 갖지 못하게 하였다. 우리는 역사적 맥락 속에서 주체적인 도덕적 판단능력을 결여해 온 것이다. 이런 점에서 우리가 도덕교육에서 도덕적 판단능력을 강조해야 할 필요는 서구 혹은 미국의 상황과는 비교되지 않는 우리의 고유한 절실함을 갖고 있다. 그러므로 우리는 도덕교육의 핵심과제를 주체적인 도덕 판단력을 기르는 데 두어야 한다.


이런 점에서 최근 일고 있는 도덕 판단에 대한 관심은 매우 고무적인 일이다. 특히 2007년 교육부가 발표한 새로운 도덕과 교육과정은 이런 관심을 좀 더 적극적으로 표명하고 있다. 새 교육과정에 나와 있는 "도덕과는 학생들에게 기본적인 습관과 도덕적 사고력과 판단력을 길러주는 데 중점을 둔다.", "인간의 삶 속에서 발생하는 도덕 문제들을 직접적이고 체계적으로 다룬다.", "도덕적 주체로서의 나와 관련된 문제……", "다양한 도덕 문제에 대한 성찰과 탐구를 통해 바람직한 가치관을 확립하여 자율적이고 통합적인 인격을 형성하도록 한다." 등의 대목들은 도덕과 교육에 대한 이전의 성격 규정에 비해 도덕적 판단을 좀 더 중시한 것으로 해석된다.[1] 특히 '성찰' 혹은 '탐구'에 대한 언급은 도덕과 교육이 아이들로 하여금 단순히 덕목을 알고 그러한 행동을 습관화하도록 하는 것을 넘어 도덕적인 주제나 문제들을 깊이 있게 생각하면서 주체적으로 도덕적인 판단을 해 볼 수 있는 기회를 주고자 한다는 것이며 그것을 통해 도덕과 교육의 내용적·방법론적 정체성을 좀 더 확고히 하고자 한 의지의 표출로서 해석된다. 특히 그간 피아제(J. Piaget)의 인지발단단계에 묶여 그 연구와 실행에 있어서 크게 주목받지 못해 왔던 초등에서의 도덕 판단교육에 대한 관심이 높아지고 있는 점도 매우 의미 있는 일이다.

도덕 판단에 대한 이러한 새삼스러운 관심은 그간 통합적 접근을 표방하고 있으면서도 제7차 도덕과 교육과정을 지배하고 있던 덕교육적 접근에 대한 비판과 반성이 낳은 결과이다. 현재의 도덕 판단교육이 제대로 이루어지고 있지 못하다는 자각에서 나온 것이다. 그러므로 문제는 도덕 판단교육을 제대로 해 보는 일이다. 그러지 않고서는 이전의 인지적 접근이 그것의 본질에 맞게 제대로 된 개념과 접근법에 의해 제대로 실행해 보지도 못하고 부적절한 왜곡과 비판

---

1) 교육부, "도덕과 교육과정", 교육인적자원부 고시 제2007－79호[별책 6], 2007, p.1.

에 의해 평가절하되었듯이 도덕 판단교육 역시 제대로 실행되어 보지도 못하고 평가절하되는 잘못이 되풀이될 수 있기 때문이다. 따라서 현행 도덕 판단교육의 한계를 극복하면서 그 본질에 맞는 새로운 도덕 판단교육이 필요하다. 이 글은 이러한 문제의식에서 출발한다.

"어떻게 하면 도덕 판단교육을 제대로 할 수 있는가? 그를 위한 적절한 개념은 무엇이고 그를 구현하는 데 적절한 접근법은 무엇인가?"

하지만 이 질문은 답을 찾기에 지나치게 열려 있다. 그러므로 다소 수렴될 필요가 있다. 그런데 본인은 오랫동안 미국의 교육학자인 립맨(M. Lipman)이 창시한 어린이 철학교육 프로그램과 그 이론에 관심을 가지고 있었다. 이 프로그램이 우리나라에 처음 소개된 것은 1980년대 초인데 이후 몇몇 학자와 교사들은 그에 대해 꾸준한 관심을 보이고 있다. 하지만 이들의 관심은 대개 도덕적 추론능력을 비롯한 논리적 사고와 비판적 사고를 중심으로 협의의 인지적 측면에 집중되어 있다. 그런데 최근 박진환의 연구는 이 프로그램이 가지고 있는 다른 가능성을 시사하고 있다. 그는 립맨의 합당성 개념(reasonableness)에 주목하면서 그것이 도덕 판단교육을 그 본질에 맞게 이끌 수 있는 보다 정합적이고 다차원적인 개념이라고 하였다. 나아가 합당성을 구현하기 위한 구체적이고 실제적인 접근법으로서 립맨의 철학적 탐구공동체(Philosophical Community of Inquiry)가 매우 유용하고 효과적이라는 점을 시사하고 있다.[2]
박진환의 이런 연구는 위의 질문에 대해 하나의 가능성을 던져준다. 즉 립맨의 합당성 개념이 새로운 도덕 판단교육을 위한 이론적 토대와 그에 적절한 접근법을 제공하지는 않을까 하는 점이다. 하지만 이러한 가설을 검토해 보기 위해서는 먼저 립맨의 합당성 개념이 도덕 판단에 대한 개념과 그 교육적 접근법에 있어서 어떤 의미를 함축하고 있는지 분석하고 평가하는 일이 선행되어야 한다. 즉 새로운 도덕 판단교육의 핵심에 합당성을 놓고 그것이 주는 개념적·접근법적 의미와 적절성을 검토해 보는 일이다. 결국 위의 질문은 다음과 같이 전환되며, 이 질문이 탐구의 출발점이다.

"새로운 도덕 판단교육을 구상함에 있어서 립맨의 합당성 개념은 도덕 판단의 개념과 그 접근법에 대해 어떤 의미와 적절성을 가지는가?"

---

2) 박진환, "도덕 판단에 대한 정합적 접근", 『국민윤리연구』제52호, 한국국민윤리학회, 2003. 이 외에도 립맨과의 공동연구로 이루어진 "The Role of Aesthetics in Moral Judgment"를 비롯한 최근 그의 논문들은 이런 해석을 보여 주고 있다(박진환 외, "도덕적 판단의 미학적 성격", 경상대학교 국제지역연구원 학회 발표논문, 2004.; 박진환, "생각함을 키우는 어린이 철학교육", 『윤리교육연구』제7집, 한국윤리교육학회, 2005.).

# 2. 새로운 개념과 접근법 탐구의 설계

이 글은 현재 도덕적인 인격을 기르는 데 있어서 핵심이 되어야 할 도덕 판단능력이 그간 제대로 평가받지 못하였으며, 그를 위한 적절한 개념과 접근법이 마련되지 못하고 있다는 현실적인 안타까움에서 출발하였다. 그러므로 이 탐구의 목적은 도덕 판단교육을 위한 새로운 대안을 찾아보는 것이다. 그것을 좀 더 수렴하여 립맨의 합당성 개념을 중심으로 새로운 도덕 판단개념과 그에 적절한 접근법을 찾아보는 것이다.

이를 위해서 이 탐구는 전체적으로 문제해결적 접근법(problem solving approach)을 취하고자 한다. 문제를 제기하고 문제의 원인을 진단하며 그를 토대로 대안을 모색하여 그 가능성을 검토하면서 문제를 해결하고자 하는 시도이다. 특히 이 글은 립맨의 합당성 개념을 문제해결의 핵심에 두고 있기 때문에 '합당성 개념을 중심으로 하는 도덕 판단교육이 새로운 도덕 판단교육을 이끄는 데 적절할 것'이라는 일종의 가설을 그 기저에 두고 있으며 그에 대한 의미 파악과 검토가 이 탐구의 중심과제이다.

우선 Ⅱ장에서는 현재 도덕 판단교육이 제대로 이루어지지 못하고 있는 원인을 규명하기 위해서 현행 도덕 판단교육을 반성해 보고자 한다. 도덕 판단에 대한 개념은 적절하였는지에 대해서 그 핵심이론을 중심으로 검토할 것이며, 그를 토대로 한 접근법은 적절하였는지에 대해서는 구체적인 실행을 중심으로 검토해 보고자 한다. 이런 반성과 비판을 통해 그간의 오류를 찾아 새로운 대안에 대한 지침으로 삼고자 한다.

Ⅲ장은 립맨의 합당성 개념의 이론적 배경을 알아보고자 한다. 합당성 개념이 그간의 도덕 판단교육이 가진 한계를 극복하는 새로운 대안으로서 적절한지를 따져 보기 위해서는 합당성 개념에 대한 본질적인 이해가 선행되어야 하기 때문이다. 우선 그간의 인식론을 지배해 온 정초주의와 반정초주의를 간략히 검토하고 그를 바탕으로 합당성 개념이 가지고 있는 인식론적 입장을 파악해 보고자 한다. 또한 역사적으로 유사한 개념들을 살펴보면서 합당성 개념에 대한 포괄적인 이해를 얻고자 한다.

Ⅳ장은 립맨의 합당성 개념에 대해서 알아보고자 한다. Ⅲ장에서 파악한 이론적 배경을 바탕으로 합당성 개념의 특징을 자세히 살펴보고 그러한 특징들이 어떤 접근법을 함축하고 있는지도 함께 알아보고자 한다. 특히 립맨이 합당성 구현을 위한 접근법으로서 제안하고 있는 철학적 탐구공동체를 중심으로 살펴볼 것이다.

Ⅴ장은 Ⅳ장의 내용을 토대로 립맨의 합당성 개념을 핵심으로 하는 도덕 판단교육이 어떤 특징과 의미를 가지는지 파악해 보고자 한다. 도덕 판단개념과 그 구체적인 접근법이 어떤 의미를 가지는지 살펴보고 그러한 의미들이 Ⅱ장에서 밝힌 현재의 도덕 판단교육이 갖는 개념적·접근법적 한계를 극복하면서 도덕 판단교육의 본질에 맞는 새로운 대안으로서 적절한지 살펴볼 것이다. 그리고 도덕 판단교육을 새롭게 구상함에 있어서 어떤 시사를 주는지 밝혀 보고자 한다.

끝으로 지금까지의 논의를 정리하면서 립맨의 합당성 개념을 핵심으로 한 새로운 도덕 판단교육의 방향을 제시해 보고자 한다. 또한 이를 효과적으로 실시하는 데 필요한 몇 가지 선행요건들을 제시해 보고자 한다.

이 글은 앞에서 밝혔듯이 순수한 이론적 목적보다는 현장의 교사로서 새로운 도덕 판단교육에 대한 실천적인 갈망에서 시작하였다. 하지만 그러한 갈망은 실천적인 측면에서의 몇 가지 변화나 전략만으로 이루어질 수는 없다. 패러다임 전체에 영향을 끼치는 핵심개념에 대한 본질적인 숙고와 탐구가 필요하다. 또한 개념적 토대로부터 도출되는 접근법적 특징까지도 파악해 내는 일이 중요하다. 접근법에 대한 탐색 없이 개념의 실천적인 측면을 제대로 파악할 수는 없기 때문이다. 따라서 이 탐구는 새로운 도덕 판단교육을 이끄는 개념으로서 립맨의 합당성 개념을 검토하면서 그것을 제대로 구현하는 접근법에 대한 탐구까지도 포괄한다.

또한 Ⅳ장에서 립맨의 합당성 개념을 파악하는 방법에 대해서도 미리 밝혀두고자 한다. 립맨은 합당성 개념을 규제적 이상으로 하여 교육 이론을 펼치고 있지만 합당성 개념 자체에 대한 논리적이고 분명한 체계를 따로 정리하고 있지는 않다. 따라서 이 부분에 대한 논의는 그의 주저인 Thinking in Education(2d ed)을 중심으로 합당성 개념에 대한 그의 언급을 분석하고 해석하면서 그의 개념적 특징을 재구성하는 방법을 택하고자 한다. 끝으로 이 글은 논의가 가진 내적인 구조가 이끄는 대로 다소 자유로운 형식과 구어체적 문장을 활용하여 전개하고 서술하고자 한다.

# II

## 현행 도덕 판단교육에 대한 반성

　　도덕 판단교육의 새로운 대안을 구상함에 있어서 현재를 돌아보는
일은 필수적인 일이다. 그래야 현재의 장점은 살리고 오류는 수정하
면서 좀 더 적절한 대안을 구상할 수 있기 때문이다. 그러므로 이
장에서는 현재 우리나라에서 실시되고 있는 도덕 판단교육이 토대로
하는 도덕 판단에 대한 이해, 즉 도덕 판단에 대한 지배적인 개념을
알아보고자 한다. 그리고 그것이 개념적 측면에서 어떤 한계를 가지
고 있으며 구체적인 실행에서는 어떤 오류와 한계를 갖게 하는지 비
판적으로 검토하여 새로운 대안의 지침으로 삼고자 한다.


# 1. 현행 도덕교육에서 '도덕 판단' 개념


　　제7차 도덕과 교육과정에서는 아이들에게 길러 주어야 할 도덕성
을 인지적, 정의적, 행동적 영역의 세 측면으로 나누고 있다. 그중에
서 인지적 도덕성에 대해서 다음과 같이 설명하고 있다.

　　도덕적 규칙이나 원리 또는 규범의 합리성을 판단하고 선택하며, 그것에 비추어 자신의 행동이나 타인의 행동을 평가하는 능력을 일컫는 말이다. 이런 의미의 도덕성은 선악 판단의 능력이라고 볼 수 있다.[3]

　　그리고 인지적인 측면을 좀 더 세분화하여 도덕적 지식·이해와 도덕적 사고·판단력으로 정리하고 있다. 따라서 제7차 도덕과 교육과정은 도덕 판단에 대해 다음과 같은 관점을 가지고 있다. 첫째, 도덕 판단을 인지적 측면에서 바라보고 있다. 둘째, 그것도 지식, 이해, 사고와 함께 인지적 측면의 한 부분으로 자리매김하고 있다. 이와 같이 도덕 판단을 인지적 측면의 한 부분으로만 바라보는 인식은 도덕 판단을 주로 단순한 도덕적 추론으로 환원해서 생각하려는 경향을 바탕에 깔고 있다. 이러한 인식은 그간 우리나라 도덕교육의 인지적인 측면, 그것도 도덕적 판단력에 대한 이론을 지배해 온 콜버그(L. Kohlberg)와 헤어(R. Hare)의 이성적이고 합리적인 추론능력에 대한 강조에서 비롯된 것이라고 볼 수 있다. 그러므로 도덕 판단에 대해 우리가 갖고 있는 개념을 정확히 이해하기 위해서는 콜버그와 헤어의 도덕 판단에 대한 이론을 살펴볼 필요가 있다.

## 1) 콜버그의 딜레마 추론

　　콜버그(L. Kohlberg)는 이전의 도덕교육이론을 지배하던 정신분석

---

3) 교육부, 『초등학교 교사용 지도서 도덕 5』, 대한교과서 주식회사, 2003, p.8.

학이나 행동주의 심리학이 지나치게 인간을 동물적인 수준으로 전락시키면서 도덕적인 판단이나 행동에 게재되는 인간의 주체적인 능력을 무시하였다고 생각했다.4) 그러므로 그는 이런 비판을 바탕으로 도덕의 문제에 관여하는 인간의 주체적인 능력에 관심을 가졌다. 물론 이러한 인간의 주체적인 능력의 핵심은 인간의 이성이다. 특히 인간의 사고, 즉 인지능력이다. 인지가 도덕적인 행동을 동기화(動機化)한다는 것이다.5) 이런 측면에서 그가 앎이나 판단의 문제에 있어서 인간의 주체적인 개입을 중시했던 피아제의 인지적 구성주의에 매료되었다는 것은 아주 당연한 일이다. 특히 콜버그는 피아제의 인지발달단계를 바탕으로 3수준 6단계라는 도덕발달의 단계를 구성하였다. 이 단계의 설정에는 주로 아이들이 일정한 도덕적 딜레마 상황에서 자신이 내린 판단을 정당화하기 위해서 사용하는 추론에 초점을 두고 있다. 그러므로 그에게 있어서 도덕적으로 성숙해진다는 것은 좀 더 높은 단계로 추론하여 판단할 수 있다는 것을 의미한다. 이것은 그가 도덕 판단과 추론을 도덕교육의 핵심으로 보면서 두 개념을 동일시하고 있다는 것을 보여 준다. 실천적인 측면에서 콜버그는 도덕적인 추론능력의 단계를 높일 수 있는 접근법으로서 도덕적인 딜레마 토론을 중시하였다. 그 절차는 도덕적인 딜레마에 아이들을 직면시키고 그들로 하여금 딜레마에 대한 자신의 선택을 진술하

---

4) 콜버그의 이론은 전기와 후기에서 차이를 보이고 있는데 여기서는 주로 콜버그의 전기의 입장을 중심으로 논의를 펼치고자 한다. 왜냐하면 인지적 접근을 포함한 도덕 판단에 관한 한 우리나라에 영향을 끼친 것은 그의 전기의 입장이기 때문이다.
5) W. Kurtines 외 편저, 문용린 역, 『도덕성의 발달과 심리』, 학지사, 2004, p.59.

게 한다. 그러고 나서 자신이 선택한 입장을 정당화할 수 있는 근거를 들어 보게 한다. 마지막으로 그 추론의 근거를 검토함으로써 정당화를 좀 더 강화시킨다.

그런데 여기서 우리가 좀 더 주목해야 할 점은 도덕발달의 단계를 결정짓는 추론에 관한 그의 생각이다. 그의 도덕발달 이론은 피아제의 인지 발달 단계론에 기초하고 있기 때문에 추론을 결정짓는 요인은 인지구조이다. 인지구조란 사람들이 어떤 문제에 부딪혔을 때 그것을 해석하거나 해결해 나가는 추론의 방식, 즉 '평형화(equilibration)'를 위한 추론의 방식이다. 이 추론 방식에 따라서 사람들은 일정하게 생각하고 판단한다. 추론을 지배하는 내적인 원리라고 말할 수 있다. 그렇게 추론하게 만드는 일종의 동기라고 볼 수도 있다. 콜버그는 도덕적인 문제에 관한 한 사람들이 공유하고 있는 보편적인 추론 방식을 여섯 가지로 분류하였다. 그런데 이 여섯 가지 유형의 추론 방식은 하나의 위계적 체계를 가지고 단계적으로 발달한다. 이런 그의 생각이 도덕발달 6단계 이론의 기본골격이다.6) 따라서 콜버그에게 있어서 도덕적 추론능력이 발달한다는 것은 도덕적인 추론 방식이 발달한다는 것과 다르지 않다. 도덕 판단의 핵심이 추론이고 추론의 핵심이 추론 방식이라면 결국 도덕 판단의 핵심은 추론의 방식인 셈이다. 또한 추론의 방식이 일정한 단계를 거쳐서 발달하는 것이므로 도덕 판단 역시 일정한 단계를 거쳐 발달한다는 의미가 된다.

이런 그의 생각을 토대로 할 때, 아이들이 도덕적인 딜레마 토론에 참여하여 도덕적인 옳고 그름을 판단하는 데에 있어서 중요한 것은

---

6) L. Kohlberg, "The psychology of moral development", Essay on moral development Vol.2, San Francisco: Harper & Row. 1984, pp.174-176.

어떤 방식을 토대로 그런 근거를 채택했느냐 하는 것이다. 좀 더 간단히 말하자면 추론이 어떤 동기에서 이루어졌는가 하는 점이다. 만약 그 근거가 벌받기 싫다는 동기에서 나온 거라면 1단계 수준의 추론능력, 즉 도덕 판단능력을 가진 것이 된다. 다시 말해서 1단계 수준의 도덕성을 가진 것이다. 추론의 동기가 일종의 거래 방식이었다면 2단계이며, 칭찬받고 인정받고 싶어서 그랬다면 3단계, 외부적 권위에의 순종이었다면 4단계, 약속(계약)에 대한 비판적 검토를 거친 것이었다면 5단계, 보편적이고 추상적인 관점에서 비롯된 것이었다면 6단계가 되는 것이다. 높은 단계의 방식을 따라 추론할수록 높은 단계의 도덕 발달 수준에 있는 것이며 도덕적으로 높은 수준에 있다는 의미가 된다. 따라서 모든 도덕적 추론이 지향해야 할 최고의 방식은 6단계이다.7) 그런데 이 단계를 지배하는 원리는 '정의(justice)'이다. 결국 추론을 정당화하는 과정에서 따라야 할 준거는 높은 단계의 추론 방식 혹은 그것을 지배하는 동기이며, 그 정점에 '정의'라는 원리가 있다. 단적으로 표현하자면 정의의 원리에 의해서 추론을 하였는가 하는 것이다.

결국 콜버그에게 있어서 도덕 판단이란 도덕적인 딜레마 상황에서 정당한 근거를 가지고 추론하는 것이다. 이때 추론을 정당화할 수 있는 근거, 즉 추론 방식은 대개 6가지의 원리로서 나타나는데 이것은 단계적 위상을 가지며, 가장 바람직한 도덕 판단은 '정의'라는 원리로 정당화된 추론이다. 따라서 콜버그의 도덕 판단개념은 '정의의

---

7) 위의 논문, pp.174-176.

원리에 의해서 정당화된 추론'을 의미한다고 볼 수 있다.

## 2) 헤어의 실천추리

도덕추론을 판단과 그 근거라는 단순한 논증의 도식이 아니라 좀 더 논리적으로 체계 있게 제시한 사람은 헤어(R. Hare)다. 그의 아이디어는 검증가능한 것만이 판단이 될 수 있다는 논리적 실증주의를 바탕으로 한 정의주의(Emotivism)에 대한 비판에서 시작되었다. 정의주의에 의하면 도덕 판단은 극히 주관적인 감정적 발언에 지나지 않기 때문에 사실 판단처럼 그 진위를 연역적으로나 귀납적으로 검증할 수 없으며, 이런 점에서 도덕 판단은 엄밀한 의미의 판단이 될 수 없다. 그러므로 그들은 객관적인 도덕 판단에 대해 회의적이었다. 이 때문에 정의주의는 도덕의 문제를 극히 개인적인 문제로 치부하면서 도덕에 있어서 무정부의적 혼란을 불러일으킬 수 있다. 그러나 헤어를 비롯한 일상 언어학파들은 정의주의자들과 견해를 달리하였다. 그들은 도덕 판단에도 인지적인 요소가 있다고 생각하였다. 도덕 판단과 그 이유들 사이에는 사실 판단과 같은 논리적인 필연성은 없다 하더라도 적합성(relevance)을 따져 볼 수는 있다는 것이다. 즉 도덕 판단의 근거에는 적합한 것도 있고 적합하지 않은 것도 있다는 것이다. 하지만 그들 대부분은 어떤 것이 적합하고 적합 안 한지를 가르는 기준에 대해서는 아무런 주장을 하지 못하고 있다. 그저 연역도 아니고 귀납도 아닌 도덕적인 판단을 지배하는 제3의 논리가

있다고 막연히 생각한다.[8]

　여기에서 헤어는 좀 더 자신만의 논의를 전개시킨다. 우선 그는 사실 판단으로부터 도덕 판단을 이끌 수는 없다는 논리적 실증주의의 견해를 받아들인다. 도덕 판단은 검증가능한 것이 아니기 때문에 귀납적인 추리에 의해 얻어질 수 없다는 점도 인정한다. 하지만 헤어는 그렇다고 해서 도덕 판단이 불가능한 것은 아니라고 생각한다. 그의 도덕 판단 추리는 이러한 전제를 출발점으로 전개된다.

　우선 그는 '어떠한 판단도 그것이 무엇인가를 명령하는 내용을 포함하지 않는 한 도덕 판단이 아니다.'라는 기본명제를 설정하여 도덕 판단을 명령을 함의하고 있는 규정적 언어(prescriptive language)로 보았다. 그리고 이 규정적 언어가 갖고 있는 논리성을 파악하였다.[9] 규정적인 언어가 논리적인 측면을 갖는다는 것은 도덕적인 판단이 논리적인 측면을 갖는다는 의미이다. 이런 점에서 도덕 판단 역시 사실 판단처럼 논리적인 추리가 가능하게 된다.

　헤어의 도덕 판단 추리는 대개 삼단논법의 형식을 갖는다. 이때 그는 "전제에 없는 것을 결론 속에 끌어낼 수 없다."는 일반 논리학의 원칙과 "사실 판단으로부터 가치 판단을 도출할 수 없다."는 흄의 법칙을 따라 "전제들 가운데 적어도 하나의 도덕원리(규정적 언어)가 포함되어 있지 않은 한 그로부터 도덕적 결론을 이끌어 내지 못한다."는 기본명제를 도출하고 그것을 추리 형식의 출발점으로 삼았다. 그가 제시한 도덕 판단 추리의 논리적 형식은 다음과 같다.

---

8) 김태길, 『윤리학』, 박영사, 1983, pp.270-274.
9) 위의 책, pp.274-280. 참고

> 대전제: 자동차의 스프링을 부러뜨리면 안 된다.
> 소전제: 속도가 지나치면 스프링이 부러진다.
> 판단: 그러므로 지나친 속도로 자동차를 몰면 안 된다.

여기서 대전제는 일종의 명령을 함의하는 규정적 언어로 도덕 판단이며, 소전제는 사실 판단이다. 바꾸어 말하면 도덕 판단과 사실 판단으로부터 또 다른 도덕 판단이 도출되는 것이다. 이것은 하나의 추리 형식이기 때문에 보편화가능성을 갖는다.[10] 그런데 문제는 연역추리에 있어서 그 결론의 참이 보장되기 위해서는 대전제의 참이 보장되어야 한다는 것이다. 대전제의 참을 알아보기 위해서는 또 하나의 연역추론을 필요로 하는데 이렇게 하다 보면 우리는 끊임없이 대전제의 정당성을 물어야 한다. 이 점에 대해서 헤어는 우리 인간에게 직각적으로 주어지는 절대적이고 자명한 도덕원리란 없다고 하였다. 도덕의 문제에 있어서 특칭판단(特稱判斷)에 앞서는 전칭판단(全稱判斷)이란 있을 수 없다는 것이다. 이런 점에서 그의 추리는 순수한 연역추리는 아니다. 연역추리는 우리가 이미 그 참을 보장하는 절대적인 제1원리로부터 차례대로 연역되어야 하기 때문이다. 그러므로 엄밀히 말해서 헤어의 추리형식은 연역추리의 형식을 가지고는 있지만 연역추리가 아니다.

하지만 대전제의 참은 어떻게든 보장되어야 한다. 왜냐하면 헤어의 도덕 판단 추리가 순수한 연역추리는 아니지만 그 형식에 있어서

---

10) 이런 점에서 헤어의 도덕 판단에 관한 이론은 보편적 규정주의로 불린다(G. Tomas, 강준호 역, 『윤리학 입문: 도덕 판단의 다섯 가지 중심문제들』, 철학과 현실사, 2005, p.85).

대전제의 참이 보장되지 않고는 결론의 참이 보장되지 않는 연역추리의 형식을 빌리고 있기 때문이다. 그는 이 문제를 해결하기 위해서 대전제의 참은 각자가 따르고 있는 도덕적 행위의 원리(대전제)에 대한 경험을 바탕으로 일종의 가설연역적 방법을 통해 주체적인 결단으로 얻어진다고 설명한다.[11] 간단히 말해서 대전제의 참은 절대적으로 주어지는 것이 아니라 도덕 행위자의 주체적인 결단에 의해 얻어진다는 것이다. 이러한 주체적인 결단에 의해서 얻어지는 대전제는 하나의 규정적 원리로서 도덕원리가 된다. 그런데 중요한 것은 도덕원리를 결단함에 있어서 다음과 같은 세 가지의 기준으로 검토해야 한다는 점이다. 첫째, U-type(universal type)의 원칙으로 고유명사나 단수 명사가 아닌 일반명사이어야 한다. 둘째, 비슷한 상황 속에서 일관되게 적용할 것이라는 점에 동의하는 것이어야 한다. 셋째, 비슷한 상황에서 다른 사람들도 그렇게 하기를 바랄 수 있는 것이어야 한다.[12] 그러므로 이러한 기준에 의해서 결단한 개인의 도덕적 원리는 개인적인 차원에서 도덕적 일관성을 줄 것이며 아울러 다른 사람들에게도 권할 수 있는 보편화가능성을 지니게 된다는 것이 헤어의 주장이다.

결국 헤어에게는 두 가지 방식의 판단이 존재한다. 하나는 보편적

---

11) 김태길, 앞의 책, pp.288-291. 여기서 가설 연역적 방법이란 질문에 대해 가능한 답들을 열거하고 그들을 검토하여 가장 적합한 것을 택하는 방식이다. 이렇게 발견된 가설을 바탕으로 가언삼단추리의 방식으로 그 가설을 재검토할 수 있다(이초식, 『논리학』, 대한 교과서 주식회사, 2005, pp.186-199. 참고).
12) G. Tomas, 앞의 책, p.87.

인 규정적 원리로서의 도덕원리를 얻기 위해서 기준을 가지고 주체적인 결단을 하는 것이며, 다른 하나는 그것을 대전제로 한 연역추리를 통해 구체적인 행동을 판단하는 것이다. 결국 헤어에게 도덕판단이란 가설연역적 방법에 의한 주체적인 결단과 도덕원리를 대전제로 한 실천적 삼단추리를 통해 얻어지는 것이다. 특히 우리의 도덕 판단교육에 영향을 미치고 있는 것은 그의 실천적 삼단추리형식이다.


## 2. 현행 도덕 판단교육에 대한 비판적 검토


　콜버그는 피아제의 뒤를 이어 개인을 도덕적인 주체자로서 승격시켰다. 물론 이 점이 지나치게 강조되어 도덕발달에 영향을 주는 사회적·역사적 측면들을 무시하면서 도덕의 문제를 지나치게 개인주의적인 시각에서 바라보고 있다는 비판을 면하기는 어려우나 도덕을 인간 밖에 이미 주어져 있는 것으로 간주하거나 인간을 단순히 자극에 반응하는 존재로 생각함으로써 인간을 도덕적인 문제로부터 소외시키고 무시한 기존의 입장에서 인간의 자율성을 부각시켰다. 그리고 인간의 자율적·주체적 판단의 핵심에 도덕적 추론능력을 두었다. 도덕적인 인간이 되는 데 있어서 도덕적인 추론능력은 필수조건이기 때문이다. 그러므로 도덕교육의 장에서 아이들 개인을 존중하고 아이들의 생각을 존중하고 아이들의 추론능력을 키워 주고, 그를 위해서 단순한 전수가 아닌 토론에 대해 우리가 관심을 기울이고 고민하게 했던 그의 공로는 높이 평가받아야 한다. 헤어 역시 도덕 판단에 대한 보편적인 기준과 형식을 마련하여 지나친 상대주의로 인한 도덕 판단의 혼란을 막고자 노력하였다는 점에서 높이 평가받아야 한다. 콜버그가 도덕적인 절대주의로부터 도덕 판단의 가치를 보호하려고 노력하였다면 헤어는 도덕적인 허무주의로부터 도덕 판단의 의미를 보호하려고 노력하였다고 볼 수 있다. 그러면서 둘은 모두 도덕적 판단에 있어서 그것을 정당화할 수 있는 원리와 형식과 같은 이성적이고 합리적인 측면에 경도되었다. 그 때문에 그 둘은 모두 도덕 판단개념에 대해서 매우 협소한 의미를 갖게 하였으며 그들이 의도했든 하지 않았든 그에 따른 접근법 역시 매우 협소하게 하고 있다.


## 1) 개념적 한계

우선 콜버그에게 있어서 문제가 되는 것은 도덕적 추론에서 그가 중시한 것이 추론에 작용하는 인지구조, 즉 추론의 방식이었다는 점이다. 그리고 그것에 따라서 추론의 수준이 결정된다고 생각했다는 점이다. 왜냐하면 우리가 어떤 판단을 내릴 때 수행하게 되는 추론의 적절성, 즉 추론의 질이 단지 우리가 가진 근거가 어떤 동기에 의해서 채택된 것인지에 따라서 결정된다는 것은 추론의 적절성을 지나치게 단순하게 생각하는 것이기 때문이다. 그것도 여섯 가지의 원리가 우리의 도덕적 추론을 지배한다는 것이다. 하지만 추론의 적절성은 구체적인 도덕적 맥락 속에서 해결해야 할 문제와 근거와의 관련성을 비롯해서 근거의 건전성, 근거의 정확성, 수용가능성, 충분성, 강력성 등의 다양한 기준들까지도 고려가 되어야 한다. 뿐만 아니라 추론의 타당성, 즉 근거와 결론 사이의 논리적인 타당성도 고려되어야 한다. 그러므로 콜버그의 도덕 판단은 지나치게 단선적이다.

또한 우리가 여섯 가지의 추론 방식을 위계화한 콜버그의 도덕발달 단계를 인정한다 하더라도 그 가치는 추론을 이끈 근거가 몇 수준에서 온 것인지를 기준으로 평가하는, 즉 근거의 원천적 수준에 대한 기술적 혹은 평가적 측면을 가질 뿐이다. 즉 결과에 대한 설명과 평가일 뿐이다. 구체적인 도덕적 문제에서 근거가 필요하다는 것 이외에는 우리가 어떤 도구를 사용해서 어떤 절차를 가지고 추론하여 판단해야 하는지에 대한, 추론의 구체적인 절차적 측면 혹은 구성적 측면에 대해서는 알려주는 것이 없는 셈이다.

뿐만 아니라 콜버그는 추론의 내용적 측면을 무시하고 있다. 그는 근거의 내용이나 판단의 내용보다는 근거의 수준을 바탕으로 한 추론 방식을 강조한다. 하지만 우리가 도덕성의 맥락에서 도덕 판단을 논의하고자 할 때 추론의 내용에 대한 검토는 빠뜨릴 수 없는 부분이다. 추론과정에서의 근거의 내용과 판단의 내용도 매우 중요하다. 아무리 같은 단계의 인지구조를 가지고 추론을 하였다 하더라도 어떤 내용을 근거로 하여 어떤 결과를 추론하였는가에 따라서 추론의 질이 달라질 수 있기 때문이다. 예를 들어서 똑같은 도덕적 상황에 처한 A와 B를 상상해 보자. 둘 다 유리컵을 깼다고 하자. A는 벌을 받을까 봐 엄마에게 자기가 깨지 않았다고 거짓말을 하였다. B 역시 벌을 받을까 봐 깨진 유리조각들을 다 치우고 엄마에게 사실대로 이야기하고 자신의 실수에 대한 용서를 구하였다. 콜버그에 의하면 이 둘은 똑같은 단계의 추론 방식을 보이고 있기 때문에 도덕성의 발달적 측면에서 똑같다. 왜냐하면 어떻게 할 것인가 하는 도덕 판단에 있어서 둘 다 1단계의 원리를 따랐기 때문이다. 하지만 우리는 도덕적인 측면에서 두 아이의 대처를 똑같이 평가할 수는 없다. 왜냐하면 두 아이가 문제를 해결하기 위해서 선택한 내용이 다르기 때문이다. 따라서 도덕 판단을 내리게 돕는 추론에 있어서 방식의 정당성만이 아니라 내용의 정당성도 무시할 수는 없다.

　방식이나 원리와 같은 합리성을 강조하다 보니 판단에 영향을 주는 감정이나 정서의 측면을 무시한 것도 그의 개념을 협소하게 만들고 있다. 이것을 보여 주는 것은 그의 단계이론이다. 1, 2단계의 추론 방식, 즉 추론을 이끄는 내적 동기는 '혼날까 봐' 혹은 '칭찬받고 싶어서'인데 이것은 주로 심리적·정서적 측면이 강하다. 그런데 콜버그는 이것을 낮은 단계로 취급하고 있다. 단계가 올라갈수록 심리적 혹은 정서적 측면은 약화되고 좀 더 이성적이고 추상적이고 합리적인 방식으로 대체된다. 그에게 있어서 감정이나 정서는 지양해야 할 것이며 이성적이고 합리적인 것은 지향해야 할 것이다. 하지만 판단에 게재하는 감정이나 정서의 역할을 생각할 때 이러한 그의 생각은 한계가 있다.[13] 특히 감정이나 정서는 행동의 동기화에 중요한

---

13) 고대의 아리스토텔레스를 비롯하여, 흄(D. Hume) 그리고 최근의 다마지오(A. Damasio) 호프만(M. Hoffman) 엘진(C. Elgin), 립맨(M. Lippman) 등은 판단에 게재하는 감정이나 정서의 역할을 매우 중시한 사람들이다.

역할을 한다. 콜버그가 생각했듯이 추론에 의한 결정사항이 곧 행위가 되지는 않는다. 뿐만 아니라 콜버그는 주어진 추론의 정당화에 초점을 맞춤으로써 추론이 가지고 있는 상상적이고 창의적인 측면을 간과하고 있다. 왜냐하면 추론을 정당화한다는 것은 이미 내게 있는 인지구조를 찾아가는 수렴적인 인지활동이기 때문에 당연히 확장적 측면을 간과할 수밖에 없다.

도덕추론능력을 발달시키기 위해 활용한 도덕적인 딜레마 토론도 검토해 볼 필요가 있다. 딜레마 토론은 갈등상황을 주고 그중에서 어떤 하나를 선택하게 하는 의사결정을 위한 추론능력을 키우는 것이 대부분이다. 이렇게 할까 저렇게 할까 혹은 이런 가치가 중요할까 저런 가치가 중요할까와 같은 선택의 능력인 셈이다. 하지만 추론이 의사결정과정에서만 이루어지는 것은 아니다. 무엇인가를 근거로 결론을 내거나 판단을 내리는 것이 추론이라고 볼 때, 추론은 좀 더 광범위한 범위에서 벌어진다. 도덕적 상황 이해를 위한 추론이 있으며, 도덕적 개념 구성을 위한 추론, 도덕적 원리들에 대한 추론 등 다양한 측면의 추론이 존재한다.

여기서 하나 더 짚고 넘어가야 할 것은 그가 지향하는 최고 수준의 추론단계가 정의를 이상적 원리로 행하는 추론능력을 의미한다는 점이다. 그것은 그가 이미 정의라고 하는 최고의 절대적 가치를 미리 상정하면서 가장 바람직한 도덕추론은 정의를 근거로 하는 추론이라는 것을 드러내고 있다. 단선적인 개념이다. 이것은 도덕적인 문제 사태가 갖는 복합성과 그에 따라 도덕 판단이 가져야 할 좀 더

---

특히 최근의 인지과학적 성과들은 이 점에 대한 과학적 증거들을 보여 주고 있다.

복합적이고 맥락적인 측면을 무시하게 한다.[14] 특히 우리가 살고 있는 현대사회 속에서는 도덕추론의 문제가 더 이상 그렇게 간단하지는 않다. 정의라는 하나의 원리를 중심을 이루어질 수는 없다.

지금까지의 논의를 종합해 볼 때 콜버그의 정당화 추론에서 과정을 규제하는 것은 추론의 원리이며, 내용을 규제하는 이상은 정의이다. 이런 점에서 그의 도덕추론은 매우 협소한 의미의 도덕추론이며, 이는 곧 그의 도덕 판단에 대한 개념을 협소하게 만들고 있다. 특히 도덕성에 대한 콜버그의 다음과 같은 언급은 그가 도덕 판단에 대해 협소한 개념을 가지고 있다는 점을 명백히 드러낸다. 도덕은 원칙이 문제이며 그것도 갈등을 해결하기 위한 원칙이라는 것이다.

> 나의 관점에서 도덕이라는 말은 행동, 정서, 사회제도의 유형이 아니라 의사결정과정 또는 판단의 유형이다. …… 나는 직접적으로 사람들의 궁극적인 목표인 행복한 삶에 대해 주장하지는 않는다. …… 이러한 문제는 도덕성이나 도덕적 원칙의 영역을 벗어나는 것이다. 나는 도덕적 원칙이란 사람들 간의 갈등을 해결하는 데 사용되는 원칙이라고 생각한다.[15]

콜버그가 당시 도덕적인 문제에서 도외시 당하던 인간의 판단능력을 도덕적인 주체로서 부각시키고 격상시킨 것은 매우 의미 있는 일이라고 할 수 있지만 그 과정에서 도덕 판단에 대해 지나치게 협소

---

14) 콜버그의 이런 관점은 그가 롤즈의 정의론에 영향을 받았기 때문이다. 이런 측면에서 그는 칸트식의 원칙주의를 따르고 있는 셈이다.
15) L. Kohlberg, 앞의 논문, p.169.

한 개념을 갖도록 하였으며, 도덕추론의 방식 혹은 원리를 도덕 판단과 동일시하게 하였다. 도덕이라는 인간 삶의 복합적인 문제를 다루는 데 있어서 도덕 판단을 그 중심에 두고자 하면서 그 개념을 협소하게 하는 것은 도덕교육 전반을 협소하게 만드는 것이다. 특히 도덕교육의 현장에서 도덕 판단교육이나 추론능력 향상을 위한 이론과 실천에 결정적인 영향을 끼치고 있는 이가 바로 콜버그이기 때문에 그가 가진 한계는 우리에게 매우 중요하다고 볼 수 있다.

콜버그가 도덕 판단에 있어서 추론의 원리에 주목함으로써 도덕 판단의 의미를 축소시켰듯이 헤어 역시 도덕 판단을 실천추리라는 삼단논법의 연역추리로 축소시켰다.[16] 물론 그의 실천삼단추리는 우리의 도덕 판단을 좀 더 명료하게 해 주고 객관화시켜 줄 수 있다. 하지만 도덕적인 문제가 모두 삼단추리에 의해 해결될 수 없다는 것은 너무나 자명한 일이다. 그것은 지나치게 형식적인 측면을 강조한 것이다. 특히 삼단추리의 적절성을 일차적으로 보장해 주어야 하는 삼단추리의 대전제가 과연 보편적일 수 있는가 하는 점 역시 비판의 여지가 있다. 왜냐하면 그것은 주체적인 결단에 의해서 얻어지는 것이라고 하였기 때문이다. 물론 헤어는 그 원리가 세 가지의 기준을 만족하면 보편성을 얻는다고 하였다. 첫 번째 기준은 도덕원리가 특정한 사람에게 한정되는 것이 아니라 일반적인 사람에게 두루 적용

---

16) 헤어의 도덕 판단은 원리에 대한 결단과 실천삼단추리라는 두 가지의 특성을 가지고 있지만 현재 우리나라의 도덕 판단교육에 영향을 끼치는 것은 실천삼단추리이므로 여기서의 논의는 그를 중심으로 검토하고자 한다.

된다는 의미를 함축하는 것이기 때문에 보편성을 확보해 준다고 볼 수 있다. 반면에 두 번째 기준은 행위자 개인에게 국한되는 감이 있다. 이것은 비슷한 상황에서는 항상 그렇게 하겠다는 개인의 도덕적 행위에 대한 일관성을 유지한다는 의미이기 때문에 다소 제한적인 보편성을 가진다. 세 번째 기준, 즉 다른 사람도 그렇게 하기를 바란다는 것은 이론적인 측면에서 보면 보편성을 얻는 기준이 될 수 있다. 하지만 실제적으로는 좀 달라진다. 그것은 단순히 내가 바라는 나의 의지의 문제이기 때문이다. 다시 말해 나의 원칙을 남도 따라주었으면 하는 개인적인 바람이다. 이런 나의 개인적인 바람이 보편성을 확보해 준다고 말할 수는 없다. 내가 남들이 하였으면 하고 바란다고 해서 그것이 보편적인 것이 되지는 않기 때문이다. 결국 보편성을 확보하는 중요한 조건들이 그다지 적절하거나 탄탄해 보이지 않는다. 필요한 조건이 될 수는 있지만 충분한 조건이 될 수는 없다. 보편성을 획득하기에는 너무 단조로운 장치이다. 그러므로 그렇게 해서 얻은 보편적인 도덕원리가 항상 바람직할 수 있는지 역시 의문이다. 예를 들어서 "모든 나이든 사람은 고양이를 길러야 한다."는 도덕원리가 있다고 하자. 그것은 일반명사로 이루어졌다는 점에서 첫 번째 기준을 만족한다. 또한 나 역시도 나이가 들면 그렇게 할 것이라는 점에서 두 번째 기준을 만족하며, 남도 그렇게 하기를 내가 바란다는 점에서 세 번째 기준을 만족한다. 하지만 그렇다고 이 것이 도덕원리로서 바람직한 것인가. 토마스(G. Tomas)와 푸트(P. Foot)는 이런 점에서 헤어의 도덕 판단 이론이 지나친 형식주의이며 도덕원리의 내용의 중요성이 지나치게 간과되고 있다고 비판한다.[17] 그러므로 헤어의 도덕 판단개념 역시 원리와 형식을 강조하면서 도덕 판단의 개념을 단순화시키고 있다고 볼 수 있다.

　따라서 도덕 판단개념에 대해서 콜버그와 헤어는 모두 원리와 형식을 중시하면서 적절한 도덕 판단을 위해 꼭 필요한 다양한 고려사항들을 간과하였다. 도덕 판단을 주로 인지적인 영역에 국한시키고 있으며 그것도 도덕적 원리나 도덕적 추론의 정당화, 실천삼단추리와 같은 합리적이고 논리적인 형식의 문제로 한정지어 생각한다. 매우 협소한 도덕 판단개념이다. 따라서 그들의 도덕 판단개념을 중심으로 한 도덕 판단교육의 기획은 그 기반이 너무 협소하고 약한 것이었다. 나아가 이렇게 기획되고 실행되는 도덕 판단교육을 도덕 판단교육의 전부인 양하면서 그들의 한계를 도덕 판단교육의 한계로 지적하여 도덕 판단교육을 평가절하하는 것 역시 부당한 일이다.

　특히 도덕 판단에 대한 협소한 개념 때문에 생긴 매우 중요한 부정적인 영향은 아이들에 대한 도덕 판단교육에서이다. 아이들은 추상적이고 가역적인 사고를 제대로 할 수 없기 때문에 형식적이고 논리적인 추론을 적절하게 할 수 없으므로 도덕 판단교육을 제대로 실시할 수 없다는 것이다. 이러한 인식은 현재의 덕목중심 교육과정과 어울려 초등에서의 판단교육을 주로 덕목의 정당성을 판단하거나 덕목을 대입하여 도덕적인 문제를 해결하는 정도의 극히 초보적인 수준에 머물게 하고 있다.[18] 도덕 판단을 "도덕적 규칙이나 원리 또는

---

17) G. Tomas, 앞의 책, pp.107-111.
18) 이러한 판단은 드뤠푸스(H. Dreyfus)의 전문가 모형에 의하면 초보자 수준에 해당한다. 이에 대한 자세한 논의와 비판은 다음을 참고(박진환, "생각함을 키우는 어린이 철학교육", 『윤리교육연구』제7집, 한국윤리교육학회, 2005.).

규범의 합리성을 판단하고 선택” 하는 ‘덕목에 대한 판단’과 “그것
에 비추어 자신의 행동이나 타인의 행동을 평가하는 능력”인 ‘덕목
에 의한 판단’으로 보고 있다. 따라서 도덕적인 옳고 그름은 이미
바람직한 것으로 제시되어 있는 덕목을 대입하여 판단하는 것으로서
판별된다. 이런 개념은 도덕 판단을 선악의 판단이라는 매우 단순한
정오(OX)의 도식으로 이해하고 있기 때문에 가능한 일이다. 물론 도
덕 판단을 하는 데 있어서 이것은 필요한 일이다. 하지만 문제는 이
것만으로는 아이들이 자신들의 삶에 필요한 진정한 도덕적 판단능력
을 기를 수 없다는 점이다.

결국 현재 우리의 도덕 판단교육이 바탕으로 하는 도덕 판단의
개념은 ‘원리나 형식에 의한 판단’이라는 개념에 덧붙여 실제적인
측면에서 ‘덕목에 대한(의한) 판단’이라는 개념도 포함하고 있다. 이
는 모두 도덕 판단에 대한 우리들의 개념을 지나치게 협소화시키고
있다. 이러한 도덕 판단개념은 적어도 다음의 두 가지 점에서 한계
를 갖는다. 첫째는 그것이 우리의 도덕성을 평가하는 하나의 기준이
될 수는 있을지언정 다양한 인간 삶의 현실에서 우리를 도덕적으로
안내할 수는 없다는 점이다.[19] 우리들의 도덕적인 문제라는 것이 단
순히 원리나 형식을 대입하고 덕목을 대입해서 해결할 수는 없기 때
문이다. 둘째, 도덕의 문제에서 개인의 주체성이 배제될 수 있다는
점이다. 도덕적인 문제가 개별적이고 특수한 것임에도 불구하고 그

---

19) 원리적 도덕의 한계에 대해서 박재주는 비교적 상세하게 논의하고 있
　　다(박재주, “도덕적 상상을 기르는 도덕교육”, 『초등도덕과교육』제11집,
　　초등도덕과교육학회, 2006, pp.1-2.).

개별적인 순간에 나의 결정이나 판단보다는 이미 정해진 옳은 것으로서의 도덕원리나 규범이 무엇인지를 찾아야 하기 때문이다. '나'와 '옳음'이 분리되는 것이다. 하지만 어떤 삶의 순간에 '나'는 없고 '도덕적 옳음'만이 있다는 것은 좋은(good) 일이 아니다. 오히려 수많은 도덕적 결격자들을 만들어 낼 수 있다. 이것은 오히려 매우 비도덕적인 일이다.

## 2) 접근법적 한계

도덕 판단에 대한 부적절한 개념은 필연적으로 그 접근법을 부적절하게 한다. 우선 콜버그의 영향 아래 현재 교육 현장에서 많이 활용되고 있는 접근법은 딜레마 토론 방식이다. 하지만 무엇보다도 이것은 도덕 판단연습을 합리적인 도덕적 정당화 추론 연습에 의존시킨다. 그것도 도덕적인 갈등의 문제 앞에서 내려야 하는 의사결정의 문제로 단순화시키고 있다. 이것은 토론의 절차를 한정지으면서 도덕 판단이 일어나는 절차를 한정짓는 것이다. 더욱이 인지적 평형을 무너뜨려서 아이들을 딜레마 상황에 넣어야 하기 때문에 주어지는 예화가 지나치게 극적으로 설정됨으로써 아이들의 일상적인 삶과는 거리가 먼 상황이 제시된다는 점도 지적되어야 한다.[20]

하지만 무엇보다도 중요한 한계는 콜버그의 딜레마 추론은 근거가

---

20) 배리(B. Barry) 역시 가상적인 딜레마 상황이 현실적인 문제에 실질적인 도움이 되지 못한다고 비판하고 있다(서규선, 『도덕과 교육의 쟁점과 과제』, 서원대학교 출판부, 2005, p.82.).

가지는 적절성으로서 정의의 원리라는 거시적인 기준을 가지고 있을 뿐 판단을 이루는 데 필요한 적절한 도구나 기준, 그리고 절차에 대해서는 말해 주는 것이 없다는 점이다. 하지만 도덕 판단을 위해서는 판단에 필요한 도구와 절차, 그리고 기준들이 반드시 필요하다. 그러므로 도덕 판단을 위한 추론을 연습하기 위해서는 그런 것들에 대한 안내가 필수적이다. 하지만 콜버그의 딜레마 토론에는 그러한 판단의 구체적인 과정을 익히는 장치가 마련되어 있지 않다. 판단의 기회를 주기는 하지만 어떻게 판단해야 하며 어떤 판단이 더 좋은 판단인지에 대해서 연습시키지는 못한다. 그저 판단의 기회를 줄 뿐이다. 물론 기회를 주지 않는 것보다는 나을지 모르겠지만 판단에 필요한 절차와 기준들 없이 연습하는 것은 위험한 일일 수 있다. 판단의 적절성이나 규범성이 제대로 확보될 수 없기 때문이다. 단순히 이유를 댈 줄 아는 것이 좋은 판단은 아니기 때문이다. 따라서 딜레마 토론을 통해서 판단을 해 볼 기회를 주다 보면 아이들의 도덕 판단능력이 늘어날 것이라고 생각하는 것은 매우 무책임한 일이다. 교사들 역시 이유를 대어 추론을 하게 하는 것이 좋은 것인 줄은 알지만 어떻게 하면 좀 더 적절한 이유를 대면서 판단을 하도록 강화시킬 수 있는지에 대해서 잘 알지 못한다. 또한 도덕 판단교육의 접근법으로서 토론이 좋은 것인 줄은 알지만 어떻게 해야 토론을 잘 이끌 수 있는지에 대해서 항상 막연해하고 어려워하고 있다. 따라서 아이들 역시 토론에 참여하여 어떻게 좋은 판단을 만들어 나가는 것인지에 대한 내용과 방법을 제대로 익히지 못하고 있다. 이러한 도덕적 토론의 장에서는 아이들이 도덕 판단은 물론이고 합리적인 도덕적 추론능력을 제대로 향상시킬 수 없다. 도덕적 추론을 이끄는 데 필수적인 도구와 절차와 기준들을 잘 모르기 때문이다.

　한편 현재 도덕과 수업 시간에 진정성 없는 도덕 판단연습이 이루어지고 있다는 점도 지적되어야 한다. 현재의 도덕과 교육과정의 구성을 살펴보면 한 단원이 하나의 덕목으로 구성되어 있는데, 각 단원은 그 덕목에 대한 인지적 접근과 정의적 접근, 행동적 접근이 따로 실시되도록 3차시로 구분되어 있다. 그리고 인지적 접근을 지도하는 시간에는 주로 문제 상황에서 관련 규범을 찾아 그 규범을 이해하고 정당화하는 과제를 수행하는 것을 목표로 삼고 있다. 따라서 도덕 판단은 주로 주어진 규범, 즉 덕목을 정당화하는 활동에 집중되어 있다. '덕목에 대한 판단' 연습이 이루어지는 것이다. 하지만 이 활동에서는 해당 덕목을 이미 자명한 것으로 전제해 놓았기 때문에 아이들은 그 필요성을 알고 이해하면 된다. 그것은 도덕적 판단의 문제라기보다는 덕목에 대한 단순 이해에 지나지 않는다. 하지만 도덕 판단은 평가를 포함한다. 평가를 위해서는 지식도 단순 이해도 필요하지만 그것만으로는 충분하지 않다. 블룸(B. Bloom)에 의하면 평가는 분석과 종합이 필요한데 이것은 일종의 비판이고 창조이다. 하지만 주어진 덕목을 이미 좋은 것으로 제시하면서 그것을 비판하고 자기 나름의 의견을 창조하여 평가하라는 것은 진정성 있는 판단을 요구하는 것이 아니다. 퍼어스(C. Peirce)의 말을 빌리면 결과를 미리 확정 지어 놓고 장식 삼아 판단하는 척, '속이는 추론(sham reasoning)'을 하게 되는 거짓 탐구를 조장할 위험성이 농후하다.[21]

---

21) C. Peirce, "The Scientific Attitude and Fallibilism" in Buchler, part Ⅰ, 1896, pp.47-48.

　물론 현재 교실에서는 주어진 덕목의 정당화를 넘어서 도덕적인 문제 상황 속에서 문제를 해결하는 수업도 이루어진다. 즉 '덕목에 의한 판단'연습이다. 하지만 이런 수업 역시 학교현장에서 실제로 도덕수업을 진행하는 교사들에게는 항상 난처한 일이다. 아이들에게 문제가 되는 에피소드가 주어진다. 그리고 여러 가지의 질문을 던지고 판단을 해 보게 한다. 하지만 그 에피소드는 '정직한 생활'이라는 단일한 덕목을 강조하는 단원 속에서 이루어지기 때문에 아이들도 그 답이 무엇이어야 하는지에 대해서 너무나 뻔히 안다. 아리스토텔레스에 의하면 판단이란 답이 분명하지 않은 문제에서 탐구와 숙고를 통해 얻어지는 것이다. 하지만 위와 같은 경우의 판단에는 탐구나 숙고가 필요 없다. 비판도 평가도 필요 없다. 단원에 제시된 덕목을 칭송하고 그에 맞는 이유를 배운 대로 말하면 그만이다. 현재 배우고 있는 단원의 제목에 제시된 덕목을 문제 사태에 대입하면 '옳은 것'이고 좋은 판단이 된다. 이 역시 진정성 없는 도덕 판단교육이다. 교사들에게도 아이들에게도 이것은 어처구니없는 활동이다. 이런 식으로 도덕 판단의 연습이 되리라고 생각하는 것은 콜버그의 도덕적 정당화보다도 더욱 협소한 개념으로 도덕 판단을 보는 것이며 콜버그의 딜레마 토론보다도 더욱 한정된 접근법으로 아이들의 도덕적인 판단능력을 돕고자 기획하는 것이다. 왜냐하면 콜버그의 도덕적 딜레마는 적어도 도덕의 내용적인 측면에서 아이들에게 받아들일 덕목이나 원리를 미리 세세하게 상정해 놓고 그것을 암묵적으로 강요하지는 않기 때문이다. 한마디로 진정성 없는 도덕 판단교육이 실행되고 있는 것이다.

또한 도덕 판단교육에 대한 현재의 접근법은 인지적인 측면으로만 실행되고 있다. 도덕성의 세 가지 측면을 구분하는 것이 단순히 우리의 이해를 도모하기 위한 것이며 실제의 도덕적인 상황에서는 그것들이 상호작용하면서 우리의 도덕성을 이끈다는 점을 좀 더 명확하게 부각시키지 못하고 있다. 이런 점에서 현재의 통합적 접근은 다양한 도덕적 차원들이 하나의 도덕적인 사태 속에서 유기적으로 상호작용하면서 서로를 조절해 나가는 통합적인 도덕적인 판단능력을 기를 수 있는 장을 제대로 제공하지 못하고 있다. 단순히 산술적인 통합일 뿐이다. 현재 도덕과 교사용 지도서에 소개되고 있는 수업모형들은 대개 인지적 측면, 정의적 측면, 행동적 측면 각각을 개별적으로 연습하는 모형이다. 물론 개별적인 연습도 중요하다. 하지만 더욱더 중요한 것은 그것들이 통합되어 고려되는 총체적인 접근법이다. 이러한 통합적인 연습이 없이는 개별적으로 학습한 인지적, 정의적, 행동적 요소들이 구체적인 도덕적 상황에서 어떻게 조합되어야 하는지에 대한 감을 아이들이 체득하기는 어렵기 때문이다. 이러한 감이 없이 구체적인 도덕적 상황에서 제대로 된 판단을 할 수는 없기 때문이다.

아이들에 대한 도덕 판단교육의 중요성을 간과하고 있다는 점도 현재의 접근법이 가지고 있는 중요한 한계이다. 제7차 도덕과 교육과정은 피아제의 인지 발달 단계론을 바탕으로 짜여 있다. 12세 이하의 아이들에게는 추상적인 사고능력이 없으므로 추론을 제대로 할 수 없다는 것이다. 그러므로 도덕 판단을 도덕추론으로, 그것도 추론의 원리나 삼단추리와 같은 협소한 개념의 추론으로 전제하고 있는 현재의 인식아래에서는 12세 이하의 아이들, 그러니까 초등학생들은 도덕 판단을 제대로 할 수 없다. 따라서 도덕 판단에 대한 학습은 초등학교 교실에서 별로 바람직하지 않은 것으로 인식되고 있다. 현행 도덕과 교육과정은 "낮은 학교급과 학년에서는 기본 생활 습관 및 도덕적 규범에 대한 이해에 중점을 두고, 높은 학교급과 학년에서는 도덕적 사고력과 자율적 도덕성의 수준을 높이며 자율성을 강조하는 도덕성의 획득에 중점"을 두고 있다. 도덕과 교과용 지도서는 위와 같이 연령별 단계를 설정하고 있다.[22] 이에 따라 현재 초등 저학년은 물론 고학년에서조차 도덕 판단에 대한 연습을 제대로 할 수 없다. 하지만 제7차 교육과정의 이론적 토대는 구성주의이다. 그것도 피아제의 단계적 구성주의가 아니라 비고츠키(L. Vygotsky)의 근접발달대(ZPD: Zone of Proximal Development) 이론을 기본으로 하고 있다.[23] 특히 비고츠키의 근접발달대 이론에 따라 수학이나 과학은 물론 다른 예체능의 어려운 개념이나 원리도 교사의 적절한 안내가 있다면 어린 아이들도 이해할 수 있다는 과감한 전제를 바탕으로 추상적인 개념이나 원리에 대한 학습이 이루어지고 있다. 그런데 유독 도덕과 교육과정은 피아제의 발달 단계론을 아직도 착실하게 유지하고 있다. 물론 이러한 유지는 도덕 판단을 합리적이고 논리적

---

22) 교육부, 『초등학교 교사용 지도서 도덕 5』, 대한교과서 주식회사, 2003, p.19.

23) 이 이론은 학습자가 가지고 있는 지적인 능력이나 상황과 비슷한 환경을 그 학습자 주위에 만들어 주면 그것의 도움을 받아 사고의 향상이 이루어진다는 이론이다. 그러므로 추상적이고 형식적인 사고도 어린이들의 경험 체계 속에서 익숙한 용어와 그들의 지적 수준에 가까운 형태로 주어진다면 어린이들에게도 충분히 가르칠 수 있다는 것이다.

인 도덕적인 추론의 문제로 한정짓는 데에서 오는 당연한 귀결일 수도 있다. 하지만 도덕 판단개념 혹은 추론개념의 적절성에 대한 시비는 차치하고라도 아이들에게도 추리능력이 있다는 점이 간과되어서는 안 된다. 최근의 많은 연구들은 아이들이 갖는 추상적인 능력이나 논리적인 능력을 인정하고 있다. 특히 언어를 사용하고 있다는 것 자체가 언어사용자의 논리적인 사고능력을 어느 정도 시사하고 있다. 왜냐하면 일상의 언어 역시 엄격하지는 않더라도 논리적인 규칙을 담고 있기 때문이다. 그것이 없이 의사소통할 수는 없기 때문이다. 그러므로 아이들에게 추상적인 사고능력이 없기 때문에 도덕적 추론을 비롯한 도덕적인 판단에 대한 연습이 이르다고 생각하여 그들에게 학습할 기회를 주지 않는 것은 아주 부당한 일이다.

더구나 어린 아이들 역시 매일매일 일상에서 어른과 같이 도덕적인 문제를 만나고 그에 따라 판단을 내려야 하는 상황에 부딪힌다. 이는 몇 가지의 덕목에 대한 이해나 순종으로는 해결되지 않는 문제들이다. 예를 들어 동생에게 하나밖에 없는 과자를 주어야 할지 내가 먹어야 할지는 일종의 도덕 판단의 문제이다. 어른들이 보기에는 매우 단순한 문제이지만 그 문제에 부딪힌 아이에게는 아주 중요한 문제이다. 그러므로 도덕적 판단능력이란 어느 일정한 나이가 되어서 익힐 문제가 아니다. 세상을 사는 사람 누구에게나 필요한 능력이다. 물론 어린 아이들에게 필요한 판단능력은 단순한 것일 수 있다. 경험이 단순하기 때문이다. 하지만 단순하다고 해서 주체적인 판단이 필요 없는 것은 아니다. 어쩌면 단순한 상황에서조차 아이들이 내리는 판단이 조악하고 거칠 수 있다. 하지만 그것은 그들에게 제대로 된 판단을 내릴 능력이 없었다기보다는 그것을 키울 기회가 제대로 주어지지 않았기 때문일 수도 있다. 이런 점에서 아이들의 판단 미숙은 아이들에 대한 도덕 판단교육의 포기를 요구하는 것이 아니라 좀 더 제대로 된 판단연습의 기회제공을 요구하는 것이다.

또한 도덕 판단은 사실 판단보다도 훨씬 많은 복합성을 가진 다차원적이고 복합적인 판단이다. 따라서 덕목이나 원리를 대입하는 최소도덕으로는 도덕 판단이 제대로 이루어질 수 없다. 좀 더 전문적인 기술이 필요하다.[24] 그렇다면 지속적이고 체계적이고 반복적인 연습은 필수적이다. 적절한 판단을 내리는 데 필요한 단계를 마련하고 체계를 세워 지속적으로 연습해야 한다. 그런데 어린아이들에게 도덕 판단을 제대로 연습할 있는 기회를 차근차근 주지도 않고 어느 날 문득 도덕 판단을 잘 하는 청소년이 되길 바란다는 것은 옳지 않은 일이다. 자전거 타는 법을 가르쳐 주지도 않고 자전거를 잘 타기 바라는 것이다.


지금까지 우리나라에서 시행되어 온 도덕 판단교육은 주로 덕목에 대한 판단(덕목의 정당화)이나 덕목에 의한 판단(덕목의 대입), 그리고 원리와 형식에 의한 도덕 판단개념을 바탕으로 기획되고 실시되었다. 매우 협소한 관점에서 이루어진 것이다. 협소한 개념을 토대로 실행된 접근법이 제대로 된 접근법일 수는 없다. 그러므로 도덕 판단교육을 제대로 실행하기 위해서 먼저 해야 할 일은 이러한 한계들을 극복하는 도덕 판단에 대한 새로운 개념을 구성하는 일이다. 물

---

24) 박진환은 도덕 판단의 수월성을 위해서는 도덕 판단교육이 드뤠푸스의 전문가 모형을 채택해야 한다고 주장한다(박진환, "생각함을 키우는 어린이 철학교육", 『윤리교육연구』제7집, 2005, pp.2-3.).

론 그것은 도덕 판단의 본질에 맞아야 한다. 그래야 그를 바탕으로 적절한 접근법이 구상되면서 제대로 된 도덕 판단교육을 실행할 수 있기 때문이다.

# 합당성 개념의 이론적 배경

립맨의 합당성 개념이 새로운 도덕 판단교육을 이끄는 핵심 개념으로서 어떤 의미를 가지며 현재의 한계를 극복할 수 있는 대안이 될 수 있는지를 알아보려면 먼저 립맨의 합당성 개념에 대한 깊이 있는 이해가 선행되어야 한다. 따라서 이 장은 립맨의 합당성 개념이 가지고 있는 이론적 배경을 살핀다. 합당성 개념의 본질을 파악하기 위해서 그것이 토대로 하고 있는 인식론적 입장을 알아보고 역사적으로 립맨의 합당성 개념과 유사한 인식론적 입장을 가지고 있는 개념들을 살펴보면서 립맨의 합당성 개념의 바탕을 포괄적으로 구성해 보고자 한다.

# 1. 인식론적 쟁점

우리가 보통 일상적인 대화에서 합당하다는 말을 사용할 때 그것은 대개 "바로 그거다."라는 정밀성을 드러내기보다는 "그거면 알맞다." 정도의 적절성을 드러낸다. 이런 일상 언어의 수준에서 보면 합당성(reasonableness)[25]이라는 개념은 과학적이고 합리적인 전통에 있는 서구보다는 오히려 우리에게 익숙한 개념이다. 서양 사람들이 요리를 할 때 무게를 재어 가면서 정확한 양의 소금을 넣는 것을 합리성이라고 한다면 우리 조상들이 상황에 따라 손가락의 감으로 어림잡아 소금을 넣는 것은 합당성이라고 할 수 있다. 립맨(M. Lipman)도 합당성을 소개하면서 '적절함'이나 '어림짐작'과 같은 말을 사용하고 있다. 특히 실천적인 맥락에서는 정확하고 확정적인 정답은 없으며 다만 적절함 정도의 답이 있다고 하였다.[26] 그렇다면 립맨은 왜 우리가 딱 맞아떨어지는 정답이 아닌 적절한 답 정도에 만족해야 한다고 한 것인가. 왜 우리는 정답을 기대할 수 없는가? 이것은 인식론의 문제이다. 따라서 합당성의 개념을 좀 더 정확히 이해하기 위해서는 그것이 기초하고 있는 인식론적 입장을 자세히 살펴볼 필요가 있다. 특히 역사적으로 오랫동안 인식론을 지배해 온 정초주의와 반정초주의적 인식론 사이에서 합당성 개념이 어떤 입장을 가지고 있는지 파악해 볼 필요가 있다.

---

25) reasonableness를 우리말로 번역하는 데 있어서 학자마다 조금씩 견해를 달리하고 있다. '合當性'이라고 번역하기도 하고 '順理性'으로 번역하기도 한다. 이 연구에서는 합당성으로 번역하고자 한다. 이유는 첫째, '합리성'과의 관련성을 드러내고자 함이다. 둘째, 순리성은 이치에 따른다는 말로서 합당성보다는 합리성의 의미에 좀 더 가깝기 때문이다. 특히 합당성의 '당(當)'은 "마땅하다", "균형을 가지고 있다."는 의미를 가지고 있다는 점에서 보다 적절해 보인다.

26) M. Lipman, 박진환 외 역, 『고차적 사고력 교육』, 인간사랑, 2005, p.42.

# 1) 정초주의적 논의

정초주의(foundationalism)는 이 세상에는 인간이 믿을 수 있는 확실한 절대적 진리가 존재하며 그것을 파악할 수도 있다고 생각한다. 이러한 파악은 정당화 과정을 통해서 이루어진다. 우선 이 세상에는 누구나 공유할 수 있고 절대적인 기본 신념(basic beliefs 혹은 foundational beliefs)이 존재한다. 그것은 정당화될 필요가 없는 너무나 자명한 정초(foundation)이다. 이 정초적 기본 신념으로부터 다른 신념들이 계속해서 파생된다. 일종의 정당화 사슬이다. 그러므로 세상은 기본 신념을 정초로 해서 정당화 과정을 거쳐 일정한 체계를 가진 논리적인 연역적 구조물이다. 이러한 논리적인 구조의 진리를 인간이 파악할 수 있는 이유는 두 가지로 정리되어 설명된다. 하나는 인간에게 이성과 언어가 있기 때문이며, 다른 하나는 이성이나 언어에 의해 파악되는 진리와 인식 바깥의 세상이 대응하기 때문이다. 진리로서 파악되는 대상으로서의 세상과 이성에 의해 인식된 진리가 서로 대응한다. 물론 이때의 세상은 인간 밖에 객관적으로 실재한다. 로티(R. Rorty)는 이런 정초주의적 인식을 '자연의 거울'이라는 은유로 설명하고 있다. 거울이 세상을 있는 대로 그려 내듯이 인간의 이성이나 언어도 세상의 진리를 존재하는 그대로 그려 낸다는 것이다.[27]

정초주의는 인간 밖의 세상에 이데아라는 절대적 개념을 세워서 이원론이라는 거대한 인식적 기틀을 마련한 플라톤에 기원을 두고

---

27) R. Rorty, *Philosophy and the Mirror of nature*, Princeton University Press, 1979.

있다. 하지만 그것을 공고하게 한 것은 데카르트(R. Descartes)를 중심으로 한 합리론자들이다. 그들은 오랜 기간 신에게 빼앗겼던 진리에 대한 인식의 헤게모니를 인간에게 돌려주고 싶었다. 그래서 그들이 선택한 것은 인간의 이성이다. 인간에게는 본유관념(innate ideas)이 있으며 그것은 선험적인 것으로 직관에 의해 파악되는 아주 자명한 것이라고 하였다. 진리에 대한 인간의 인식은 본유관념으로부터 이성의 활동에 의해 하나씩 연역된다. 이러한 연역적 체계가 세상의 체계이다. 그러므로 그들에게 가장 완벽한 인식의 체계는 수학적인 연역의 체계이다. 로크(J. Rocke)는 합리론을 반대한 경험론자이면서도 정초주의적인 입장에 있다. 그는 기본적으로 인간의 앎을 이끄는 것은 선험적인 이성이 아니라 지각을 바탕으로 한 인간의 경험이라는 경험주의적 입장을 취하고 있다. 하지만 그는 지각이란 주관적일 수 있으며 그러한 주관적 인식만으로는 한계가 있기 때문에 좀 더 완벽한 인식을 위해서는 직관이 필요하다고 했다. 이런 점에서 그는 인간의 경험 밖에 있는 실재를 인정한 것이고 이 때문에 로티도 그를 정초주의의 서열에 넣고 있다. 칸트를 비롯한 독일의 관념론자들 대부분도 인간의 정신과 보편적이고 절대적인 원리를 중시했다는 점에서 정초주의의 전통을 잇고 있다.

정리해 보면 어떤 철학적 계보에 서 있든 정초주의자들은 첫째, 세상에는 누구나 공유할 수 있는 보편적이고 절대적인 진리나 앎이 있다고 생각한다. 둘째, 입장에 따라 정도의 차이는 있지만 진리나 앎이 인간의 바깥에 나름대로의 체계를 가지고 존재한다고 생각한다. 셋째, 인간의 이성을 중시한다. 연역체계든 경험에 의한 귀납체

계든 결국은 인간의 이성에 의한 정신활동에 의해 진리가 파악된다
고 믿는다. 결국 진리의 절대성과 합리성이 정초주의를 단적으로 표
현하는 특징이다.

특히 엘진(C. Elgin)은 정초주의를 완전 절차적 인식론(perfect
procedure epistemology)으로 분류하여 설명한다.[28] 그녀에 의하면 완
전 절차적 인식론 역시 진리인지 아닌지를 판가름하는 독립적인 기
준들이 존재하며, 그 기준들을 만족하는 방법, 즉 절차 또한 존재한
다는 것을 전제로 성립되기 때문이다. 여기서 독립적인 기준은 절대
적인 원리나 공리에 해당하며, 그것을 얻는 절차나 방법은 바로 인
간의 이성적 활동에 의한 연역적 사유 방식이다.[29]

이와 같은 정초주의적 인식론을 가지고 도덕의 문제를 바라본다는
것은 우선 절대적인 도덕적 가치가 인간의 외부에 존재한다고 생각
하는 것이다. 이런 점에서 인간이 추구해야 할 궁극적인 목적과 원리
가 객관적으로 정해져 있다고 믿었던 목적론적 윤리학이나 의무론적
윤리학 혹은 보편적 절대적 가치의 기준을 초현실적 실재에서 구하
고자 하였던 형이상학적 윤리학이나 보편적이고 절대적인 원리를 상
정하고 그것이 직관이나 선의지 같은 것으로 파악된다고 믿었던 직
관론적 윤리학 등 전통적인 규범윤리학은 대부분 정초주의적인 전제

---

28) 이는 인식론에 대한 롤즈의 구분에 의한 것으로 롤즈는 인식론을 완전
　　절차적 인식과 불완전 절차적 인식, 그리고 순수 절차적 인식으로 나누
　　어 정리하고 있다. 이에 대해서는 다음을 참고(J. Rawls, 황경식 역, 『
　　정의론』, 이학사, 2006, pp.134-140.)
29) C. Elgin, *Considered Judgement*, Princeton: Princeton University Press,
　　1996, pp.4-10.

를 바탕으로 하고 있다고 볼 수 있다. 왜냐하면 그들은 모두 누구나 인정하고 받아들여야 할 변하지 않는, 보편적이고 절대적인 가치를 인정하고 있기 때문이다. 그러면서 그들은 하나같이 인간의 도덕적인 삶이란 그 절대적인 가치를 따르는 것이라고 주장하기 때문이다. 이런 맥락에서 보면 따라야 할 가치를 보편적이고 절대적인 덕목으로 정해 놓고 이를 아이들에게 전수시키고자 하는 미국의 덕교육적 접근이나 그를 바탕으로 한 인격교육은 정초주의에 그 인식론적 기원을 두고 있다고 볼 수 있다. 나아가 미국의 인격교육을 바탕으로 구성한 우리의 제7차 도덕과 교육과정 역시 그 뿌리는 이러한 정초주의적인 인식론에 있다고 할 수 있다. 유교적인 윤리의식 역시 지켜야 할 보편적이고 절대적인 덕목들을 지정하고 있는바 우리의 도덕과 교육과정은 그러한 역사적인 윤리의식까지 포괄하면서 무의식적이든 의식적이든 정초주의적인 경향성을 짙게 가질 수밖에 없다.


## 2) 반정초주의적 논의


반정초주의(Anti-Foundationalism)는 지식이나 탐구의 기본 토대가 되는 기본 신념이나 원리 같은 것은 없다고 생각한다. "진리는 주관적인 것이다."라고 한 키에르케고르(S. Kierkegaard)와 "신은 죽었다."고 선포한 니체(F. Nietzsche)를 선두로 시작된 이러한 인식론은 현대의 지배적인 사변적 경향을 대표하는 포스트모더니즘의 토대를 이루고 있다. 실존주의, 회의주의, 현상학, 해체주의, 실용주의, 맥락주의, 구성주의, 상대주의라는 이름의 사조들은 자신들의 관심이나 입장에 따라 관심 분야나 표현방식이 조금씩 다르지만 모두 반정초주의적 인식론을 토대로 한다. 그들에게는 진리나 지식의 기본적인 토대 같은 것은 없다. 그러므로 진리나 지식은 절대적인 기본 신념으로부터 연역되는 것이 아니다. 그것은 개인과 개인 간의 사회적 합의를 통해서 구성되고 유지될 뿐이다. 근거나 기준이 존재한다면 그것은 단지 인간의 욕구와 필요, 관심과 목적, 그리고 인간이 처한 역사적·사회적 상황에 따라 다르게 결정된 것일 뿐, 그것은 가변적이고 잠정적인 것이며 또한 불완전하고 우연적인 성격의 것이다. 비엔나 학파를 이끌었던 경제학자 노이라트(O. Neurath)의 은유에 의하면 진리나 지식이란 '바다에 떠 있는 배'와 같아서 고정불변의 절대적인 것이 아니라 언제라도 대체되어 수선되는 것이다.30) 그것도 한 번의 수선으로 끝나는 것이 아니라 필요할 때마다 수선을 반복하는 것이다. 이런 인식은 플라톤 이후 오랜 세월 동안 인간의 인식을 지배하던 인간 밖의 절대적인 존재를 거부한다. 그 자리를 주관적이고 상대적이고 우연적이고 가변적인 지식으로 대체시켰다.

  로티에 의하면 언어를 통해 세상을 투명하게 표상할 수 있다는 정초주의의 견해는 잘못된 것이다. 언어는 인간에게 선험적으로 주어지는 것이 아니라 우리가 필요에 의해서 만들어 낸 우연적인 것이다.31) 인간이 사회 속에서 사용하면서 그 의미가 만들어지는 사회적

---

30) 이 은유는 콰인(W. Quine)이 자신의 이론을 설명하기 위해 사용함으로써 유명해진 말이며 불확정성을 은유하고자 할 때 자주 인용된다 (http://en.wikipedia.org/wiki/Anti-foundationalism 참조).
31) 엄태동, "리처드 로티의 네오 프래그마티즘의 사유체계와 교육의 재개념화", 『교육원리연구』제38집, 한국교육원리학회, 2001, p.3

인 산물이다. 언어 역시 역사적이고 가변적이고 잠정적인 것에 지나지 않는다. 그러므로 언어로써 세상을 보편적이고 절대적으로 담아내는 것은 그럴 수도 없는 일이며 불필요한 일이기도 하다. 어차피 인간의 인식은 언어를 매개로 이루어지는데 언어가 잠정적이고 가변적이라면 언어가 세상에 대한 진리를 있는 대로 그려 낼 수 있을 것이라는 것을 보장할 수는 없기 때문이다. 따라서 세상의 진리에 대한 인간의 인식은 언어를 통해 잠정적으로 의미를 얻는, 하나의 잠정적인 해석에 지나지 않는다. 그에 따라 세상의 진리 역시 절대적으로 있는 대로의 세상이 아니라 해석된 세상일 뿐이다.[32] 특히 언어라는 것이 그것을 사용하는 공동체마다 다른 언어의 체계와 규칙을 발전시킨 사회적 산물이라면 그것은 특수한 맥락 안에서 인정되고 공유되는 것이다. 그러므로 그러한 언어에 의해 파악되는 진리는 잠정적일 뿐 아니라 맥락마다의 특수성을 지닐 수밖에 없다. 절대적인 진리의 존재는 불가능한 것이다.

결국 반정초주의의 특징은 다음과 같이 정리될 수 있다. 첫째, 누구나 공유할 수 있는 보편적이고 절대적인 진리나 앎이란 없다. 진리는 주관적이고 상대적이며 가변적인 것이다. 둘째, 진리나 지식이 인간의 바깥에 나름대로의 체계를 가지고 존재하는 것이 아니라 인간이 합의에 의해 구성해 나가는 것이다. 결국 반정초주의를 특징짓는 핵심개념은 주관성 혹은 특수성과 상대성이며, 구성과 합의이다.

---

32) 위의 논문, pp.3-4.

반정초주의는 오랫동안 인간의 의식과 삶을 지배해 온 정초주의에 대한 일종의 인식론적 전환이다. 정초주의가 신으로부터 인간의 이성을 해방시켰다면 반정초주의는 절대성과 합리성으로부터 주관성과 다양성을 해방시켰다. 반정초주의로 인해 인간의 진리에 대한 인식, 즉 판단은 자유를 향유하게 되었다. 인간 밖에서 인간을 지배하는 절대적인 불변의 진리가 더 이상 존재하지 않게 되었다. 이후 반정초주의는 철학뿐 아니라 문학, 수학, 과학, 경제, 정치, 교육 등 각종 분야에 지대한 영향을 끼쳤다. 윤리학도 마찬가지이다. 윤리적 규범의 절대적 정당성에 대한 의심이 싹트기 시작하였다.

역사와 맥락 그리고 주관성에 대한 반정초주의의 존중은 상대주의와 회의주의를 낳았다. 언어를 비롯한 진리가 사회 속에서의 합의에 의해 구성된다고 하였지만 비트겐쉬타인(L. Wittgenstein)의 언어게임은 공동체마다 다른 언어 규칙이 있음을 상정하는 것이고 그렇다면 우리가 합의할 수 있는 것은 같은 규칙을 가진 공동체 안에서만이다. 이러한 맥락에서 쿤(T. Kuhn)은 다른 패러다임을 가진 두 공동체 사이에서는 공유된 기준이나 표준이 없기 때문에 서로 의사소통을 하면서 합의나 조정을 이루어 나갈 수 없다는 통약불가능성(incommensurability)을 내세웠다.[33] 이로써 공동체 간의 합의는 순진한 바람에 지나지 않게 되었다. 특히 인간의 일상적인 삶을 지배하는 도덕의 문제에 있어서 그 폐해는 심각하였다. 논리적 실증주의에

---

[33] 이 이론은 과학 발전이 누적적인 상태에서 이루어지는 것이 아니라 일종의 혁명적인 전환에 의해서 이루어진다는 것이다. 따라서 혁명전후의 이론은 완전히 서로 다른 기준과 표준들을 가지고 있기 때문에 대화가 통할 수 없다고 하였다(T. kuhn, 김명자 역, 『과학혁명의 구조』, 까치, 2007, pp.293-299.).

영향을 받은 정의주의 윤리학은 도덕적 가치문제에 대해 극단적인 회의주의를 낳았다.[34] 도덕 판단 자체가 무의미하다는 것이다. 가치 명제는 감정과 기호의 문제로 이래도 그만이고 저래도 그만이라고 생각하였다. 결국 반정초주의는 인간이 기대고 함께 공유할 수 있는 토대를 빼앗아 버렸다. 진리의 획득이나 합의는 고사하고 의사소통 자체도 어렵게 되었다. 무정부주의적인 혼란이 파생될 가능성이 많은 것이다. 하지만 이러한 인식은 공동체를 이루면서 그 안에서 조화롭게 살아야 하는 인간에게 심리적으로든 윤리적으로든 바람직하지 않은 것이다.


## 3) 합당성 개념의 인식론적 입장


진리를 파악하는 힘을 중세의 신에게서 인간에게 넘겨줌으로써 인간성을 회복시켰던 근대의 정초주의는 인간의 이성에 대한 지나친 확신으로 인간이 가진 다른 점들을 간과하였으며, 특히 인간의 바깥에 존재하는 절대적인 진리를 강조함으로써 인간의 실존을 소외시켰

---

34) 논리적 실증주의는 그 명칭에서 보듯이 합리론과 경험론을 절충한 이론이다. 논리를 중요시 했다는 점에서 합리론적 입장을, 실증을 중시했다는 점에서 경험론적 입장을 취하고 있다. 과학이 사용하는 개념과 명제들을 논리적으로 분석하고 의미를 명백히 하는 것이 철학의 임무라고 생각하였다. 그를 위해서 그들은 언어의 분석을 최대의 과제로 생각하였다. 그들에 의하면 경험적으로 실증가능한 것만이 의미 있는 명제이다. 이런 점에서 형이상학적 명제나 윤리학적 명제들은 무의미한 판단이 된다(김태길, 『윤리학』, 서울: 박영사, 1983, pp.220-221.).

다. 그런 점에서 중세에 대한 그들의 저항은 절반의 성공인 셈이다. 신의 자리에 인간의 이성을 대체시켰지만 그들이 제시한 세상의 진리는 여전히 인간의 바깥에 존재하면서 인간을 통제하는 절대 권력으로 존재하며, 그것은 인간이 어찌해 볼 수 없는 초월적인 것이었다. 정초주의의 이러한 경향성은 당연히 그에 대한 반발을 배태하였으며, 이것이 바로 반정초주의(Anti-Foundationalism)적 인식론이다. 하지만 진리나 앎의 문제에 있어서 우리가 기대야 할 기준이나 표준이 없다는 것 역시 바람직한 일은 아니다. 특히 인간으로서 다른 인간과 혹은 공동체와 공동체 사이에 서로 공유할 것이 없다는 것은 바람직한 일이 아니다. 왜냐하면 관계를 기반으로 하는 우리의 삶이 그런 것들을 필요로 하기 때문이다. 그렇다고 서로 다른 패러다임을 절대적인 하나의 원리에 묶어 각각의 개별적 특성을 무시하고 하나의 패러다임으로 묶어 버릴 수는 없다. 절대적인 진리의 존재를 인간의 밖에 상정하고 인간의 실존성을 무시하면서 합리성만을 맹신하였던 시대로 회귀할 수는 없다는 의미이다.

특히 정초주의와 반정초주의의 대결구도는 적어도 윤리적인 문제에 관한 한 절대와 상대, 객관과 주관, 보편과 특수, 내용과 형식, 이성과 감정, 타율과 자율의 대결구도를 갖게 하였다. 하지만 주지하다시피 어느 한쪽만으로는 인간의 문제, 특히 도덕적인 문제를 해결할 수는 없다. 더구나 절대적인 것이 없다는 의미가 곧 모든 것이 상대적일 수밖에 없다는 결론을 도출하는 것은 아니며, 무정부주의적 상대주의의 혼란이 극복되어야 한다는 의미가 곧 절대적인 무언가를 구축해야 한다는 당위로 흐를 필요는 없다. 절대적이지 않지만 상대적이지만도 않은 대안적 인식론이 필요하며 또 가능한 것이다.[35] 절대적으로 기댈 것이 없어서 항상 흔들려야 하지만 그 흔들림에 균형은 잡아야 하기 때문이다. 그것은 개인에 있어서도 그렇고 공동체 안에서의 개인 간에도 그렇고 공동체 간에 있어서도 그렇다. 정초주의와 반정초주의를 극복하는 대안이 필요한 것이다.

그런데 합당성(reasonableness)에 대한 립맨의 다음과 같은 설명은 합당성 개념이 그러한 대안적 개념으로 가능성이 있다는 점을 시사한다.

> 세상의 많은 측면들, 특히 인간의 행위와 관련된 것들은 과학적인 엄밀성만으로는 다룰 수 없고 또 표현할 수도 없다. 어림짐작(approximation)이라는 것이 필요하다. 우리의 생각과 현상이 서로 딱 맞아떨어지기를 기대하기보다는 오히려 적절함이라는 감각(a sense of appropriate)이 필요할 때가 더 많다. 적절히 균형 잡힌(equitable) 답에 도달하는 것에 만족해야 하며, 모든 것이 딱 맞아떨어져야 한다고 생각할 필요는 없다. 엄밀히 말해서 어떤 판단이 합리적이지 않더라도 분별 있고 합당한 것에 만족해야 한다.[36]

립맨은 합당성을 '어림, 적절함, 균형, 분별'과 같은 용어와 관련지어 생각하고 있으며, 그것이 결국은 판단의 문제라고 생각한다. 결국 립맨은 '합당한 판단'에 대해 언급한 것이고 그것이 딱 맞는 판단은 아니지만 어림의 판단, 적절한 판단, 균형 잡힌 판단, 분별 있는 판단

---

35) 박재주, 앞의 논문, pp.1-5.참고.
36) M. Lipman, *Thinking in Education, 2d ed*, New York: Cambridge University Press, 2003, p.21.

이라고 설명하고 있다. 그리고 우리는 딱 맞는 정답을 기대하지 말고 합당한 판단에 만족해야 한다고 하고 있다. 엘진(C. Elgin)은 이와 같은 인식론적 입장을 불완전 절차적 인식론(imperfect procedure recognize)이라고 하였다. 우리가 구한 답은 완전한 답이라기보다는 그보다 더 나은 답을 찾을 수 없다는 의미이며 우리가 찾을 수 있는 최선의 답일 뿐이라는 의미이기 때문이다.[37] 물론 이 말에는 정답은 없지만 답을 포기할 수는 없다는 함의가 들어 있다. 절대적이고 확정적인 답을 찾을 수는 없지만 그렇다고 답을 포기해서는 안 되며 적절한 수준에서 어떻게든 답을 찾아야 한다는 전제가 숨어 있다. 이런 점에서 립맨의 합당성 개념은 정초주의적 인식과 반정초주의적 인식의 사이에 존재하는 인식론적 입장을 가진다고 볼 수 있다. 답을 찾아야 한다는 점에서는 정초주의적 입장을, 그리고 엄밀한 의미의 정답은 없다는 점에서 반정초주의적 입장을 동시에 지닌다. 따라서 그것은 정초주의와 반정초주의가 갖는 한계를 동시에 해결하는 대안이 될 가능성이 있다. 문제는 그의 합당성이 구체적으로 무엇인지, 어떻게 확보할 수 있는 것인지, 그리고 그러한 개념은 과연 적절한 것인지를 알아보는 것이다.

---

37) C. Elgin, *Considered Judgement*, Princeton: Princeton University Press, 1996, p.13

# 2. 유사 개념들

역사적으로 정초주의적 인식과 반정초주의적 인식이 가진 이분법을 지양하고자 한 시도가 여러 번 있었다. 따라서 그러한 시도가 핵심으로 하고 있는 개념들은 립맨의 합당성 개념과 여러 가지 관련을 가지고 있을 것이다. 립맨의 합당성 개념을 좀 더 깊이 있게 이해하기 위해서는 이러한 유사개념들에 대한 검토가 필요하다.

## 1) 아리스토텔레스의 중용과 실천적 지혜

아리스토텔레스는 보편을 중시한 플라톤에 의해 도외시된 특수의 중요성을 부각시켜 플라톤의 이원론을 극복하고자 하였다. 즉 보편과 특수를 모두 아우르고자 한 것이다. 이를 위해 우선 그는 인간의 정신활동을 크게 두 가지로 나누었다.[38] 하나는 학적 인식(the contemplative)이고 다른 하나는 사량(the calculative)이다. 학적 인식은 절대적이고 보편적인 것을 추구하고, 사량은 상대적일 수 있는 것을 추구한다. 학적 인식에는 직관적 이성, 학적 지식, 철학적 지혜가 포함된다. 인간은 직관적 이성에 의해 제1원리를 알 수 있으며, 이를 기초로 절대적

---

38) 아리스토텔레스는 인간의 덕을 지적인 덕과 도덕적인 덕으로 나누었다. 여기서 정신활동이란 지적인 덕을 가리킨다(Aristoteles, 최명관 역, 『니코마코스 윤리학』, 서광사, 1984, p.61.).

이고 보편적이며 불변하는 학적 지식들이 연역과 귀납을 통해 도출된
다.39) 이런 점에서 그는 정초주의자이다. 반면에 사량을 대표하는 실
천적 지혜는 인간의 삶에 대한 구체적이고 실천적인 지혜이다. 인간
의 삶은 다양하고 복합적이면서 개별적이다. 그러므로 그것에 대한
실천 역시 뭐라 확정 지을 수 없는 것으로 개연적이고 예외적인 것이
다. 그러한 특수성 때문에 실천이 바람직하게 이루어지기 위해서는
개별적인 상황에 대한 이해를 바탕으로 숙고하고 판단하고 선택하는
능력이 필요하다. 이 이해와 숙고와 판단과 선택이 바로 실천적 지혜
의 핵심이다. 결국 학적 인식이 보편의 문제라면 사량은 특수의 문제
이다. 바로 반정초주의적인 인식이다. 이런 점에서 그는 정초주의와
반정초주의를 함께 고려하고 있다. 보편은 보편으로 남기고 특수는
특수로 남김으로써 보편과 특수 모두를 아우른 것이다.

하지만 실천적 지혜가 반정초주의적인 특수의 영역에 있다고 해서
객관성을 포기하고 상대성만을 주장하는 것은 아니다. 왜냐하면 아
리스토텔레스에게 있어서 실천적 지혜는 특수와 보편이 긴밀하게 연
결되어 상호작용하는 '적절성'의 의미로서의 특수이기 때문이다. 특
히 이런 점은 실천적 지혜와 도덕적인 덕의 긴밀한 상호관련성 속에
서 찾을 수 있다. 그에게 있어서 도덕적인 덕이란 '중용'의 행동을
선택하는 성품이다.40) 도덕의 문제는 구체적인 상황과 분리될 수 없
는 매우 가변적이고 복합적인 실천의 문제이기 때문에 '절대적'으로

---

39) 위의 책, p.77.
40) 위의 책, p.72. 이런 점에서 아리스토텔레스의 도덕적인 덕은 실천과 행
    위에 관한 덕이라고 볼 수 있다. 즉 실천적 덕이다.

주어질 수 없다. 그러므로 도덕적인 덕은 그때그때 상황에 따라 달라질 수밖에 없다. 정직이라는 도덕적인 덕목이 문제가 되는 상황이라고 하더라도 정직을 무조건 대입한다고 해서 도덕적인 덕이 되는 것이 아니라 정직을 상황에 알맞은 정도와 방법으로 표현하는 것이 도덕적인 덕이라는 의미이다.[41] "마땅한 때에, 마땅한 일에 대해서, 마땅한 사람들에 대하여, 마땅한 동기로, 마땅한 태도를 느끼는 것이며 중간적이며 최선의 것"이다.[42] 그런데 우리는 여기서 '마땅하다'는 의미에 대해 주목할 필요가 있다. 왜냐하면 마땅하다는 의미는 구체적인 상황에서의 도덕적인 덕이 절대적인 것으로 주어질 수 없다는 의미이기도 하지만 그렇다고 해서 이래도 좋고 저래도 좋은 상대적인 것이라는 의미도 아니기 때문이다. 특수하고 개별적이면서도 그 상황에 '마땅한 무언가', 다시 말해서 '좀 더 객관적인 무언가'가 있다는 것을 의미하기 때문이다. '최선의 것'이라는 아리스토텔레스의 말은 그러한 의미를 좀 더 확고히 해 준다. 중용이란 바로 이 객관적으로 마땅한 최선의 '무언가'이다. 아리스토텔레스의 표현을 빌리자면 "올바른 이치가 명한 것을 따른 것 혹은 머금은 것"이다.[43] 이런 맥락에서 보면 중용은 임의로 결정되는 것이 아니라 일정한 기준을 가진 것이다.[44] 따라서 아리스토텔레스에게 있어서 중용은 도

---

41) 이런 맥락에서 보면 중용이란 도덕적인 덕이 가져야 할 일종의 규제적 이상(regulative idea)이다. 도덕적인 덕은 중용을 이상적 목표로 하면서 동시에 그것을 기준으로 선택되기 때문이다. 어떤 행위 선택이 바람직한 도덕적인 덕인가 아닌가를 가름하는 궁극적인 기준은 바로 그것이 중용이냐 아니냐에 달려 있는 것으로 볼 수 있다.
42) 위의 책 pp.71-72.
43) 위의 책, p.96, p.193.
44) 위의 책, p.173.

덕적 실천의 맥락이 갖는 특수성을 인정하면서 그 안에서의 '마땅
함'이라는 객관성을 갖고자 하는 것이다.

　도덕적인 덕으로서의 중용이 특수와 객관을 동시에 함의하면서 올
바른 이치를 따르거나 머금은 최선의 상태라면 중용을 취한다는 것
은 쉬운 일이 아니다. 각각의 도덕적 상황이 갖는 특수성 혹은 개별
성을 인정하고 유지하면서도 기준을 가지고 보다 객관적인 마땅함을
찾아야 하기 때문이다. 단순히 정해진 원리나 덕목을 그대로 대입해
서 될 일이 아니다. 그래서 아리스토텔레스는 도덕적인 덕이 제대로
발휘되기 위해서는 지적인 덕으로서의 실천적 지혜가 꼭 필요하다고
하였다. 실천적 지혜를 통해 상황의 특수성이나 개별성을 헤치지 않
을 다양한 고려사항들에 대해서 적절한 기준과 표준으로 숙고하여
그 맥락에서 최선이라고 볼 수 있는 행위를 판단하고 선택해야 한
다. 따라서 실천적 지혜 역시 개별적이고 특수한 맥락을 고려하면서
동시에 객관성을 확보하게 된다. 그러므로 아리스토텔레스의 중용이
나 실천적 지혜는 모두 구체적이고 개별적인 맥락을 중시하지만 그
렇다고 해서 이래도 좋고 저래도 좋은 상대주의를 의미하는 것은 아
니다. 실천적 측면에서 맥락의 중요성과 함께 '마땅함'이라는 보다
객관적인 것으로서의 최선을 지향하기 때문이다. 결국 아리스토텔레
스에게 있어서 중용이나 실천적 지혜란 특수와 객관을 모두 포괄하
는 개념으로 정초주의와 반정초주의를 함께 아우르는 대안적 개념이
라고 볼 수 있다. 특히 아리스토텔레스는 실천적 지혜에 대해서 사
람에게 보편적으로 '좋은 것'이 무엇인지 알고 구체적인 맥락에서
그것에 적절한 행위를 선택할 줄 아는 상태라고 하였다.[45] 이런 측
면에서 아리스토텔레스는 실천적 지혜가 보편성과 개별성을 동시에

포함한다고 하였다.46) 지적인 덕으로서의 실천적 지혜가 실천적 덕으로서의 도덕적인 덕과 긴밀히 관계함으로써 갖게 된 이중적 특징이라고 할 수 있다.

그런데 아리스토텔레스는 중용이 실천적 지혜가 없이는 이루어질 수 없듯이 실천적 지혜 역시 도덕적인 덕이 없이는 이루어질 수 없다고 하였다. 실천적 지혜가 숙고하고 판단하는 과정에서 도덕적인 덕을 하나의 표준으로 삼아야 한다는 것이다. 왜냐하면 실천적 지혜로 하여금 '좋은 것'이 뭔지를 알게 해 주는 것이 바로 도덕적인 덕이기 때문이다. 도덕적인 덕이 없이는 실천적 지혜가 방향을 잃는 것이다. 따라서 도덕적인 덕은 실천적 지혜가 가야 할 방향(목표)을 알게 해 주고 실천적 지혜는 그 목표를 얻는 수단으로서의 중용의 행위를 선택하게 해 준다.47) 보편적인 표준으로서의 도덕적인 덕과 그것을 구체적인 실천적 맥락 속에서 중용의 것이 되게 하는 실천적 지혜가 상호작용하는 것이다. 그러므로 도덕적으로 옳은 실천, 즉 중용은 표준으로서의 도덕적인 덕과 수단으로서의 실천적 지혜가 상호작용하여 만들어 내는 하나의 합작품이라고 볼 수 있다.48) 특수와 개별과 보편과 객관이 한데 조화되는 것이다.

---

45) 위의 책, p.179, p.180.
46) 위의 책, p.183.
47) 위의 책, p.191, p.194.
48) 여기서 도덕적인 덕과 실천적 지혜의 상호작용을 단순히 순환론적인 오류로 볼 필요는 없다. 왜냐하면 실천적 지혜를 발휘하는 데 필요한 표준으로서의 도덕적인 덕과 그 결과로서의 도덕적인 덕이 그 내용이나 정도에 있어서 동일하지 않을 수 있기 때문이다.

아리스토텔레스의 도덕적 덕이 중용으로서의 적절성을 유지하는 데는 감정도 중요한 역할을 한다. 아리스토텔레스는 도덕적인 덕이 정념에도 관계된다고 하였다. 우선 그에게 있어서 정념은 도덕적인 덕의 동기로서 작용한다. 기쁨을 얻고 고통을 피하기 위해서 도덕적인 덕을 추구한다. 욕구가 도덕적인 덕을 이끄는 것이다. 또한 마땅한 기쁨을 느껴야 할 때에 기쁨을 느끼고 마땅히 괴로워해야 할 때에 괴로워할 줄 아는 것이 중요하다고 하였다.49) 물론 여기서 중요한 것은 기쁨이나 고통은 단순한 기쁨이나 고통이 아니라 마땅한 것으로 일종의 중용을 갖추어야 한다. 아리스토텔레스가 도덕적인 덕을 인간의 욕구가 잘 조절된 중용을 이루는 상태라고 한 것도 이런 맥락에서이다.50)

또 하나 아리스토텔레스의 실천적 지혜에서 빼놓을 수 없는 것은 실천적 지혜에 의해서 얻어지는 도덕적인 덕, 즉 중용이 단순히 일회적으로 얻어지는 것이 아니라 부단한 실천과 경험이 필요하다고 강조한 부분이다. 도덕적인 상황에서 한두 번 적절한 판단을 하여 적절한 행동을 하였다고 해서 그를 도덕적인 덕을 지닌 사람이라고 보지는 않았다. 도덕적인 덕을 갖춘 사람이 되기 위해서는 도덕적인 적절성을 갖는 것이 하나의 성품이 될 만큼 지속적이고 안정적이어야 한다. 아리스토텔레스가 덕을 성품으로서 누누이 강조한 이유가 여기에 있다. 그런데 어떤 것이 지속적이고 안정적인 성품이 되기 위해서는 실천이 필요하다. 그리고 그 실천이 하나의 습관이 되어야 한다. 특히 중용이 단순히 산술적인 것이 아니라 구체적인 상황 속

---

49) 위의 책 p.65.
50) 위의 책 p.175.

에서의 실천적인 이해와 숙고와 선택에 의해서 얻어지는 것이라면 그것은 지속적인 경험이 필요하다. 이런 점에서 그는 중용을 선택하는 것은 하나의 감각이라고 하였다.[51] 그런데 아리스토텔레스에게 도덕적인 덕이란 실천적인 지혜를 통해서 얻어지는 것이므로 도덕적인 덕을 갖추기 위해서 실천과 습관화가 필요하다는 말은 실천적인 지혜에 대한 실천과 습관화가 필요하다는 의미를 함축하고 있다. 결국 그는 실천적인 지혜가 부단히 연습되고 실천되어 중용을 선택하는 것이 하나의 감으로써 작용하기를 바란 것이다. 물론 이것은 단순한 직관이 아니라 부단한 실천과 경험을 통해 얻어지는 전문적인 감각을 의미한다.

지금까지의 논의를 정리해 보면 아리스토텔레스의 실천적 지혜, 특히 도덕적인 덕으로서의 중용과 관련된 실천적 지혜는 맥락과 특수, 그리고 보편과 객관을 모두 아우르고 있으며, 숙고나 판단과 같은 인간의 이성적 능력은 물론 감정과 행동과도 관련이 되는 매우 다차원적인 특성을 갖는다. 또한 그것은 부단한 실천을 통해 하나의 감각으로 완성된다. 하지만 그의 논의에는 다음과 같은 몇 가지 고려해 보아야 할 점들이 있다.

첫째, 실천적 지혜의 핵심인 숙고의 개념이 다소 한정적인 것으로 해석될 소지가 많다는 점이다. 우선 아리스토텔레스는 우리들의 힘이 닿을 수 있는 대상에 대해서만 숙고한다고 하였다.[52] 이것은 우

---

51) 위의 책 p.80.
52) 위의 책, p.89.

리들로 하여금 우리들의 힘이 미치지 못하는 불가항력적인 영역이
있다는 것을 인정하게 하면서 그가 의도했든 의도하지 않았든 무엇
인가는 우리들이 숙고 없이 받아들여야 하는 것으로 인식하게 만든
다. 숙고의 대상을 제한하는 것이다. 특히 숙고는 수단을 대상으로
할 뿐 목적을 대상으로 하지 않는다고 강조한 점은 숙고에 대한 그
의 논의를 제한시킨다.[53] 숙고의 대상에서 목적을 제외시키는 것이
다. 물론 여기서의 수단은 단순히 목적을 이루는 데 필요한 기계적
이고 도구적인 의미의 외적 수단만이 아니라 '목적을 향한 것' 혹은
'목표들에 이바지하는 것'으로서 목적을 이루어 나가는 구성적 요소
로서의 내적 수단의 의미로 이해될 수 있다.[54] 이런 관점에서 보면
"숙고는 목적에 대해서도 숙고하는 것"이 된다.[55] 도덕적인 덕과 실
천적 지혜가 긴밀하게 상호작용한다는 의미는 목적과 수단 역시 긴
밀하게 상호작용한다는 의미도 되기 때문이다. 하지만 이런 해석에
도 불구하고 오해의 소지는 여전히 다분하다. 왜냐하면 아리스토텔

---

53) 위의 책 p.90, 92, 194. 여기서 굳이 '수단'을 우리말이 가진 부정적인
    이미지에 따라 가치를 배제한 영리함이나 전략과 같은 의미로만 해석
    할 필요는 없다. 왜냐하면 아리스토텔레스에게 있어서 숙고는 '좋은
    것'을 미리 파악하고 그것을 추론의 시초로 삼기 때문이다(위의 책,
    p.192.).
54) 최명관이 이것을 '수단'이라고 번역한 반면 박재주나 이창우 등은 "목
    적을 향한 것", "목적들에 이바지하는 것"이라고 번역하고 있다(박재주,
    "아리스토텔레스 윤리학에 있어서 덕의 감정적 구조", 『동서철학연구』
    제20호, 한국동서철학회, p.100.; 아리스토텔레스, 이창우 외 역, 『니코
    마코스 윤리학』, 이제이북스, 2007. p.90.).
55) 박재주, 위의 논문, p.101. 이 점에 대해서 박장호의 논문도 함께 참고(박
    장호, "Aristoteles의 실천적 지혜와 도덕교육", 『윤리교육연구』제6
    집, 2004.

레스는 여러 차례 숙고의 대상을 수단으로 제한하고 있으며 특히 "누구도 목적에 관해서 숙고하지는 않는다. …… 목적이 어떻게, 그리고 어떤 것들을 통해서 이루어질지를 숙고한다."라고 분명하게 언명하고 있기 때문이다.56)

그것이 무엇이든 숙고의 대상을 한정지어 숙고를 한정짓는 것은 결국 실천적 지혜를 한정짓게 된다. 설령 모든 영역에 실천적 지혜가 필요한 것은 아니라 하더라도 그것을 미리 한정지어 놓는 것은 바람직한 일이 되지 못한다. 특히 현대는 정초주의적인 절대의 신념이 사라지면서 수많은 가치가 혼재하고 갈등할 뿐 아니라 변화의 속도마저 빠르다. 어제는 그래야 했던 것이 오늘은 그렇지 않은 경우도 허다하다. 너무나 많은 과제들이 부과되면서 항상 내가 가고 있는 길이 바른 것인지 의문시된다. 단지 내가 택하고 있는 방법의 문제만이 아니라 내가 가고 있는 방향에 대해서도 혼란스러울 때가 있다. 내가 택한 것일 때도 그렇고, 더욱이 내가 택한 것이 아니라 택함을 종용받았을 경우에는 더욱더 그렇다. 따라서 이런 혼란과 갈등의 삶 속에서 숙고의 대상을 제한한다는 것은 그리 바람직한 일이 아니다. 그것이 목적이든 수단이든 혹은 다른 무엇이든, 모든 것은 그것의 적절성은 물론 내가 그것을 숙고해야 하는가 하지 말아야 하는가에 대해서까지 숙고할 수 있도록 열려 있어야 한다.

둘째, 아리스토텔레스는 아이들을 위한 실천적 지혜 교육에 무관심하였다. 그는 도덕적인 덕이 한 번의 바른 선택과 행동에 의해 얻어지는 것이 아니라 하나의 성품이 되도록 계속 실천하고 실천하면

---

56) 아리스토텔레스, 이창우 외 역, 『니코마코스 윤리학』, 이제이북스, 2007, p.90.

서 얻어지는 것이라고 하였다. 이것은 시간이 걸린다는 것과 경험이 필요하다는 것을 의미한다. 이런 맥락에서 경험이 적은 아이들은 도덕적인 덕을 갖추기 힘들며 따라서 실천적인 지혜를 갖기가 힘들다고 하였다. 그래서 어려서부터의 좋은 습관을 강조하였다. 하지만 앞에서 살펴보았듯이 아리스토텔레스에게 있어서 도덕적인 덕에는 이미 '실천적 지혜로부터 얻어진'이라는 말이 함축되어 있다. 그러므로 도덕적인 덕을 갖추기 위해서 어려서부터 좋은 습관을 가져야 한다는 말은 실천적인 지혜 역시 어려서부터 배우고 실천해야 한다는 의미를 함축하고 있다. 다시 말해서 도덕적인 상황을 이해하고 관련된 사항들을 숙고하여 적절한 중용을 선택하는 지혜에 대한 실천이 어려서부터 이루어져야 한다는 의미이다. 그런데 아이들에 대한 도덕교육에서 실천적 지혜에 대한 교육을 도외시한다는 것은 도덕적인 덕에 대한 그의 논의에서 어긋난다고 볼 수 있다. 특히 이러한 한계가 중요한 이유는 대개 덕교육 중심의 인격교육을 주장하는 사람들은 아리스토텔레스의 이런 입장과 피아제의 발달단계이론을 연결해서 아이들에 대한 도덕 판단교육을 도외시하기 때문이다.

셋째, 실천적인 지혜가 이해와 숙고, 그리고 선택이나 판단에 의해 얻어지는 것이라는 점을 설명하고는 있으나 그것이 구체적으로 어떤 내용과 기준을 가지고 어떤 방법으로 길러질 수 있는지에 대한 구체적인 논의가 부족하다는 것이다. 물론 아리스토텔레스는 통상적인 도덕적인 덕이나 경험을 하나의 표준으로서 강조하고 있지만 사실 통상적인 덕이나 경험이 얼마큼 신뢰성 있는 표준인가에 대해서는 논란의 여지가 있다. 더구나 도덕적인 중용의 상태가 특수와 객관을 함께 함의하면서 적절한 기준과 표준을 가지고 숙고되고 판단되고 선택되어져야 한다면 이것들은 충분한 고려사항이 되지 못한다. 그러므로 실천적 지혜를 통한 이해와 숙고, 그리고 선택이나 판단을 강조하는 도덕교육을 기획하고 실행하고자 할 때 아리스토텔레스의 논의는 부족한 점이 있다.

## 2) 롤즈의 반성적 균형

롤즈(J. Rawls)는 반정초주의적 관점으로 인해 윤리학적 회의주의가 팽배한 가운데 규범윤리학을 다시 부상시키고자 노력하였다. 그가 보기에 세상에는 지향해야 할 무엇인가가 필요했고 그의 생각에 그것은 정의(正義)였다. 그래서 그는 정의가 어떻게 하나의 보편적인 원칙으로 정당화될 수 있는가를 설명하고자 하였다. 좀 더 정확히 말하면 보편적인 정의의 원칙이 어떻게 세워질 수 있는가 하는 점을 규명하는 것이다. 물론 롤즈가 정의라는 특수한 가치와 그것이 적용되는 보편적인 원칙을 찾고자 하는 정초주의적인 경향을 가지고는 있지만 그는 특히 어떤 보편적인 원칙이 그것의 정당성을 갖기 위해서 어떤 조건에서 어떤 절차를 거쳐야 하는지, 즉 판단의 절차에 대해 주목하고 있다. 이를 위해 롤즈가 이론적으로 기초한 것은 로크와 루소, 칸트의 사회계약이론이었다. 로크나 루소의 사회계약론이 주로 정치적인 계약에 관한 것이라면 칸트의 계약은 주로 도덕적인 계약과 관련된 것이다.[57] 그런데 계약이라는 개념에는 계약당사자들

---

57) 롤즈는 "나의 목적은 이를테면 로크, 루소, 그리고 칸트에게서 흔히 알

간의 합의와 그에 대한 의무라는 두 가지의 개념이 전제되어 있다. 따라서 롤즈에게 있어서 정의의 원칙은 합의에 의해서 이루어져야 하는 것이며 일종의 의무이다. 물론 정의의 원칙은 정당해야 한다. 그를 위해서는 정의의 원칙이 수립되는 합의의 절차가 적절해야 한다. 합의 절차가 정당하면 그 결과로서의 원칙은 정당한 것이다.[58]

우선 롤즈는 합의가 정당하게 이루어지기 위해서는 원초적 입장(original position)이라는 가설적인 상황에서 이루어져야 한다고 하였다.[59] 원초적인 상태는 다음 두 가지의 특징을 갖는다. 하나는 사람들이 자신의 능력이나 지위 등에 대해서 아무 것도 모른다는 '무지의 베일(veil of ignorance)'을 쓰고 있다는 것이고, 또 다른 하나는 사람들에게 무관심하면서 자기에게 유리한 것을 선택하려는 이기적인 경향의 '상호무관심'이 있다는 것이다. 이 무지의 베일과 상호무관심은 함께 작용한다. 우선 롤즈는 사람들이 자신의 입장이나 지위를 모르는 무지의 베일을 써야 공정한 판단을 내릴 수 있다고 생각하였다. 사람들은 이기적이기 때문에 자기의 지위나 입장을 알면 그것에 유리한 판단을 내리고자 하므로 그것에 대해서는 몰라야 한다. 그래야 공정한 판단을 내릴 수 있다. 뿐만 아니라 내 입장을 모르기 때문에 나는 어떤 사람도 될 수 있다. 가난한 사람일 수도 있고 부

---

려져 있는 사회계약 이론을 고도로 추상화함으로써 일반화된 정의관을 제시하는 일이다."라고 밝히고 있다(J. Rawls, 황경식 역, 『정의론』, 이학사, 2006, p.45.) 펠드먼(F. Feldman) 역시 "칸트는 도덕 철학에서 계약론자의 전통에 속한다."고 해석하고 있다(F. Feldman, 박은진 외 역, 『기초 윤리학』, 철학과 현실사, 1999, pp.212-213. 참고).

58) 이런 관점은 순수 절차적 인식(pure procedure recognize)에 속한다.

59) 이 원초적 입장이 바로 전통적인 사회계약이론에 있어서의 자연 상태(state of nature)에 해당한다(J. Rawls, 앞의 책, p.46.).

자일 수도 있다. 그러므로 다른 사람의 입장을 고려해 보려 하고 다른 사람들의 의견에 대해 귀를 기울이고자 한다. 신중해지고 보수적이 된다. 이런 입장에서 사람들은 어느 하나의 입장이 최대의 이익을 갖고자 합의하기보다는 어느 입장이든 피해가 최소가 되는 쪽으로 합의를 이루려고 한다. 왜냐하면 공정한 합의를 위한 무지의 베일 속에 숨겨진 자기의 본래 입장이 무엇인지 모르기 때문이다. 이익의 총량을 늘리는 공리주의적인 관점이 아닌 누구든 피해를 작게 보게 하는 것이 보다 더 합리적인 선택이라는 의미이다. 이것이 바로 정의의 2번째 원칙인 최소극대화의 원칙이며 서로의 합의하에 이루어진 합리적인 원칙으로서 보편성을 갖게 된다.

여기서 주목하고자 하는 것은 정의의 원칙을 합의하기 위해서 그가 전제로 한 상호무관심과 무지의 베일이다. 롤즈는 자신의 이익을 극대화하고자 다른 사람에게 무관심한 경향을 인간의 합리적인 측면이라고 하면서 이를 '상호무관심한 합리성(mutually disinterested rationality)'이라고 불렀다.[60] 하지만 그는 합리적인 측면만으로는 합의가 공정하게 이루어질 수 없다고 생각하였다. 그래서 무지의 베일이 필요한 것이다. 그래야 다른 사람들의 처지에서도 생각해 보고 다른 사람과 협동적으로 생각함으로서 공정하게 합의에 이를 수 있기 때문이다. 합리성 이외의 것이 필요하다는 것이다. 그는 이것을 합당성에서 찾는다. 합당성은 합리성이 갖지 않은 상호협동이나 배려 같은 도덕적인 측면을 담고 있기 때문이다.[61] 간단히 말해 공정

---

60) J. Rawls, 앞의 책, p.205.
61) 염수균, 『롤즈의 민주적 자유주의』, 천지, 2001, pp.38-43.

한 합의를 위해서는 합리성뿐만 아니라 합당성도 필요하다. 합리적이기 위해서 합당성을 가져야 한다는 것이다.

> 원초적인 입장에 있는 합리적인 인간들이…… 어떤 정의의 원칙을 우선적으로 택할 경우 그 정의관은 다른 것보다 더 합당한 것이며, …… 주어진 상황 속에서 어떠한 원칙들을 선택하는 것이 더 합리적일까를 확인함으로써 해결되는 것이다. 이는 정의론을 합리적 선택이론(theory of rational choice)과 관련지어 준다.[62]

이런 점에서 롤즈가 자신의 이론을 합리적 선택이론이라고 이름 불렀지만 엄밀히 말하면 합당성이 전제되고 합당성이 규제하는 조건 하에서의 합리적 선택이라고 할 수 있다. 따라서 롤즈가 목표로 하는 것이 정의의 원칙에 대한 합리적인 선택이고 그 전제가 인간의 합리적인 이기심에서 출발한다고는 하지만 그 선택의 과정을 이끈 것은 합당성이라고 볼 수 있다.[63] 특히 롤즈는 자신의 정의론에서 사회의 기본구조(basic structure of society)를 매우 중시하고 있다. 여기서 사회의 기본구조는 "중요한 사회제도들을 하나의 협동조직으로 편성한 체제"이다.[64] 그런데 이러한 사회의 기본 구조가 정의롭지 않다면 사회적인 합의들이 정당한 절차를 거쳐서 공정하게 만들어질 수 없다. 따라서 사회의 기본구조도 무지의 베일과 함께 합당

---

62) J. Rawls, 앞의 책, p.53.
63) 이런 점에서 염수균은 합당성을 합리성보다 우위에 두고 있으며 합리성은 합당성이 허락하는 범위에서 추구할 수 있는 것이라고 본다(염수균, 앞의 책, p.40.).
64) 염수균, 앞의 책, p.69.에서 재인용.

성의 측면에서 이해될 수 있다.

  또한 롤즈의 반성적 균형(reflective equilibrium)이라는 개념 역시 그가 단순히 원칙주의적 합리성만을 강조하지 않는다는 점을 좀 더 분명히 하고 있다. 그는 정의의 원칙이 원초적이라는 현실과 동떨어진 상태를 바탕으로 하고 있기 때문에 구체성을 결여하고 있어서 현실적인 문제에 대해서는 아무런 도움도 주지 못한다는 비판에 대해서 반성적 균형이라는 개념을 들어 응수하였다. 롤즈는 원초적 상태에서 만들어진 원칙은 구체적인 상황에서의 숙고된 판단에 의해서 어떤 반성적 균형을 갖게 된다고 하였다. 보편적인 정의의 원칙과 구체적인 맥락에 대한 숙고를 거쳐 판단을 한다면 보편성과 구체성을 동시에 획득하는 어떤 평형점을 갖게 된다는 것이다.

  결국 우리는 합당한 조건들을 표현해 주면서도 정리되고 조정된 우리의 숙고된 판단에도 부합하는 최초의 상황에 대한 설명을 발견하게 된다. 이러한 상태를 나는 반성적 균형이라고 부르기로 한다.[65]

  그런데 여기서 중요한 것은 그가 이 평형점은 언제나 고정되어 절대적이지 않다고 한 점이다. 숙고된 판단이라고 하는 것도 왜곡의 가능성이 있기 때문이다. 그는 이 평형점을 잠정적인 고정점이라고 하였다.[66]

---

65) J. Rawls, 앞의 책, p.56.
66) J. Rawls, 앞의 책, pp.55-57.

지금까지의 논의를 중심으로 판단의 절차에 대한 그의 생각을 정
리해 보면 우선 그는 보편적인 원칙이 제대로 이루어지기 위해서는
합당성이 필요하다고 하였다. 또한 보편적인 원칙이 구체적인 상황
에 적용되는 과정에는 반성적 균형을 갖기 위한 숙고된 판단이 필요
하다고 하였다. 보편성을 위해 합당성이 필요하고, 보편성과 구체성
의 반성적인 균형을 얻기 위해 숙고가 필요한 것이다. 결국 그는 보
편성과 구체성을 함께 아우르고 싶었고 그를 위해서 합리성을 규제
하는 합당성, 보편과 구체의 반성적 균형점, 그를 위한 숙고된 판단
을 강조하였다. 이런 점에서 그는 정초주의적 인식과 반정초주의적
인식을 섞고 있다고 볼 수 있다. 하지만 그의 합당성 개념은 몇 가
지 한계를 가진다.

첫째, 그의 합당성은 매우 제한적이다. 그의 합당성은 공정한 판
단을 위한 것으로 인간의 이기심을 극복하는 수단으로서 고려된다.
합당해야 하는 이유를 인간의 이기심에 두고 있기 때문이다.

둘째, 합당성과 합리성에 대한 이분법적 인식이다. 그는 합당성이
합리성으로부터 나오지 않는다고 하였다.[67] 그는 합리성을 인간의
이기적인 심리적 경향성으로 제한한다. 합당성은 이러한 이기적 합
리성을 극복하기 위한 방편이다. 하지만 합리성을 이기적인 심리적
경향성으로 이해하는 것은 합리성의 의미를 지나치게 협소화시키는
것이다. 모든 이성적 원리가 이기적인 것은 아니기 때문이다. 따라서
합리성은 단순히 합당성이 필요한 전제가 아니라 합당성이 갖추어야

---

67) J. Rawls, *Political liberalism*, New York: Cambridge University Press, 1996,
    pp.51-52. 참고.

할 중요한 요소이기도 하다. 물론 때로는 합리성과 합당성이 서로 다른 판단을 유도하기도 하지만 대부분의 경우 합당하기 위해서는 합리적인 측면도 중요하기 때문이다.

셋째, 롤즈의 목적은 보편적인 정의의 원칙을 세우는 데 있다. 그것도 정의라는 특수한 가치에 주목하고 그에 대한 보편적인 원칙을 세우고자 하였다. 물론 그가 정의의 보편적인 원칙과 현실 사이에 괴리가 있을 수 있기 때문에 그 둘에 대한 반성적 균형점이 필요하다는 것을 인식하였고 각각의 상황마다 숙고된 판단이 필요하다는 점을 인정했다 하더라도 그 모든 숙고의 절대적 기준으로서 작용하는 정의의 원칙은 그대로 인정하고 있다. 이런 점에서 그는 아리스토텔레스보다 더 강한 정초주의적 입장을 견지하고 있다. 왜냐하면 아리스토텔레스가 실천적 지혜의 표준으로서 칭찬받을 만한 도덕적인 덕이 필요하다는 것을 강조하기는 하였지만 그는 그것을 어떤 보편적이거나 절대적인 몇 가지의 원칙 혹은 단정적인 덕목으로 제시하지는 않았기 때문이다. 그는 오히려 그 점을 누누이 경계하였다.

넷째, 그는 정의의 원칙에 대한 정당성을 확보하기 위해서 정의의 원칙이 만들어지는 절차의 정당성을 세우고자 노력하였다. 다시 말해서 원칙이라는 결과의 정당성은 그것이 만들어지는 절차가 정당하기만 하면 보편적일 수 있고 나아가 절대적일 수 있다는 것이다. 그는 이것을 순수 절차적 인식론(pure procedure epistemology)이라고 하였다. 그러므로 정의에 관한 그의 논의는 순수 절차적 인식의 모델을 보여 준 것이다. 순수 절차적 인식이 벌어질 수 있는 가설적 상황을 상정하였고 그에 필요한 여러 조건들을 제시하였고 그에 따라 나옴 직한 정의의 원칙도 제시하였다. 정의의 원칙과 그를 위한 원초적 상태 내지 사회의 기본구조에 대한 그의 논의는 모두 순수절차적인 인식이 그 결과의 정당성을 확보하면서 동시에 보편성과 절대성을 확보해 줄 것이라는 전제를 깔고 있는 것이다. 하지만 절차만 정당하면 결과는 정당한가 하는 문제에 대해서 우리는 쉽게 대답할 수 없다. 특히 그것이 도덕적인 문제일 때는 더더욱 그렇다. 우리는 절차 이외의 목적에 대해서도 의문을 가져야 하며, 절차 자체에 대해서도 의문을 가져야 하며, 그 절차에 의해 만들어진 판단이 얼마나 상황에 맞는지도 따져 보아야 하기 때문이다. 이것은 도박과 같이 우리가 같은 목표를 가지고 같은 규칙에 합의하고 그 결과에 승복하는 상황에서나 가능한 일이다. 하지만 순수 절차적 인식을 적용하여 우리를 기대기에는 우리의 삶이 도박처럼 간단하지가 않다.

다섯째, 사실 구체적인 실천의 측면에서 보면 그의 논의에서 중요한 점은 숙고된 판단에 대한 그의 주목이다. 원칙이 절차에 의해서 만들어지면 그 원칙의 정당성은 확보될 수 있겠지만 그것을 현실의 구체적인 상황에 적용시켜 구체적인 판단을 이끌어 내는 것은 결국 숙고된 판단이기 때문이다. 그러므로 숙고된 판단은 실천적인 측면에서 매우 중요하다. 그런데 롤즈는 우리가 어떻게 숙고된 판단을 얻게 되는지에 대해서 별로 얘기하는 것이 없다. 물론 그는 정의감이 있어야 숙고된 판단이 제대로 이루어질 수 있다고 하였다. 그런데 이 정의감은 좋은 사회 속에서나 길러질 수 있다고 하였다. 그렇다면 바르지 못한 사회에서는 정의감이 생길 수 없으며 그에 따른 숙고된 판단이 일어날 수 없으며 그에 따라 적절한 판단을 할 수가 없다. 결국 정의로운 혹은 바람직한 판단은 정의롭고 바른 사회에서나 가능한 일이다. 이것은 일종의 순환론에 빠지는 것이다. 그러므로 숙고된 판단의 전제로 정의감을 내세우는 것은 적절하지가 않다. 결국 숙고된 판단이 실천적인 측면에서 아주 중요함에도 불구하고 이에 대한 그의 논의는 부실한 것이다.

## 3) 타가드의 다중 정합성

인간이 어떻게 생각하고 어떻게 판단하는가 하는 문제는 인간에게 있어서 근원적인 질문이다. 물론 이 문제에 오랫동안 관심을 갖고 나름대로 답을 제시한 분야는 철학이었다. 그중에서도 합리주의와 경험주의는 나름의 전제를 바탕으로 인간의 정신작용을 설명하려고 노력하였다. 하지만 이들의 탐구는 주로 주관적이고 사변적인 기술에 그쳤다. 인간의 정신작용에 대해서 경험과학적인 방법을 가지고 좀 더 체계적으로 설명하고자 한 것은 인지심리학이다.

초기에 이 분야에 기여한 것은 컴퓨터였다. 사이몬(H. Simon)과 뉴웰(A. Newell)은 인간의 마음이 컴퓨터처럼 상징조작 체계(symbol manipulation system)이며,[68] 입력된 자료를 추출하고 조작하여 출력하는 정보처리과정을 가졌다는 점에서도 컴퓨터와 유사하다고 생각하였다. 그래서 그들은 인간의 마음의 내용과 과정을 컴퓨터에 유추하여 컴퓨터 실험을 통해 명확한 구조와 절차로 기술하고자 하였다. 인간의 정신작용을 정보처리체계(information processing system)라는

---

68) 이런 점에서 이들의 이론을 상징중심적 접근 혹은 기호중심적 접근이라고 부르기도 한다.

틀로 보는 관점은 다른 심리학의 분야에 영향을 끼치면서 인지과학이라는 종합적이고 다학문적인 과학을 탄생시켰다.[69]

　하지만 1980년대 후반에 일어난 연결주의(connectionism) 모형은 인지과정에 대한 설명에 새로운 패러다임을 제공하였다. 이 이론은 기존의 정보처리적 인지심리학이 인간의 마음을 컴퓨터에 비유하여 발생하는 오류에 주목하였다. 인간의 마음과 컴퓨터는 정보처리라는 점에서 유사한 측면이 있으나 근본적으로 다르다. 특히 정보처리의 측면에서 컴퓨터는 오류를 범하지 않으며 상황에 좌우되지 않는다. 이 말은 상황이 바뀌면 대처하지 못한다는 뜻이기도 하다. 말 그대로 기계이다. 하지만 인간은 오류를 범하는 존재이며 상황이 달라져도 유연하게 대처할 수 있는 존재이다. 따라서 정보처리적 인지심리학은 인간의 마음의 작용을 제대로 설명하지 못한다.[70] 정보처리적 인지심리학이 인간의 마음을 컴퓨터에 유비(computer analogy)하여 설명하려 하였다면 연결주의는 인간의 마음을 인간의 두뇌에 유비(brain analogy)하여 설명하였다. 인간의 두뇌가 신경망(neural net)으로 연결되어 있듯이 인간의 정보처리체계도 연결망을 구성하고 있다는 것이다. 또한 지식표상의 단위들이 논리적 연관에 따라서 낱개로 위계적으로 구조화되어 저장되는 것이 아니라 정보가 연결망에 분산되어 저장된다고 하였다. 이 말은 여러 정보들이 한 단위씩이 아니라 함께 처리된다는 것을 의미한다. 이것을 병렬분산처리 모형(parallel

---

69) 이정모 외, 『인지심리학』, 학지사, 2004, pp.34-40.
70) 임병갑, "과학탐구와 윤리탐구의 통합프로그램을 위한 기초", 고려대학교 박사학위 논문, 1999, p.35.

distributed processing, PDP)이라고 한다. 여기서 병렬이라는 말은 정보 하나하나가 아니라 한꺼번에 저장되고 처리된다는 의미이며, 분산이라는 뜻은 낱개가 아니라 총체적으로 저장되고 처리된다는 의미를 가지고 있다. 현재 인지심리학에서 연결주의 이론을 이끄는 사람은 타가드(P. Thagard)이다.[71]

타가드는 철학과 인지심리학과 인공지능(AI: artificial intelligence) 이론이 서로 상호협력할 수 있다는 것을 강조하였다.[72] 그는 이러한 가능성을 '전산론적 과학철학(computational philosophy of science)'으로 구체화시켰다.[73] 여기서 주목하고자 하는 것은 타가드가 이 이론을 확립하고자 제시한 PI(process of induction) 프로그램, ECHO(explanatory coherence) 프로그램, DECO(deliberate coherence) 프로그램, ETHICO-(ethical coherence) 프로그램이다.[74] PI 프로그램은 과학자의 문제해결

---

71) 연결주의의 기본적인 특징은 첫째, 정보처리체계는 단위들의 망으로 구성되어 있다. 둘째, 연결은 흥분적이거나(연결을 원하는) 억제적(연결을 원하지 않는)이다. 셋째, 전체적인 망의 활성화 상태가 하나의 표상을 이루는데 이 활성화패턴이 개념표상이 된다. 넷째, 활성화패턴이 외부 자극에 반응하여 수리적 확률적으로 형성되고 조절되는 것이며 이런 활동들이 바로 인지이다. 다섯째, 신경망이 체계 모형은 마음의 모형이다(위의 논문, pp.33-34를 정리).
72) 인공지능이론은 컴퓨터 과학의 한 분야로 컴퓨터가 지적인 과제를 수행할 수 있도록 하는 데에 관심을 두고 있는 이론이다(위의 논문, p.38.).
73) 특히 인지심리학과 인공지능은 철학에 대해서 사변적 한계를 극복할 수 있도록 해 주며 현실성과 적절성을 갖게 해 준다. 반대로 철학은 그 둘을 평가하고 비판해 준다.
74) 이 명칭은 타가드가 붙인 것이 아니라 임병갑이 다른 것들에 유추하여 붙인 이름이다(위의 논문 p.40.).

과정을 모의한 것이며, ECHO 프로그램은 경쟁하는 가설들 중에서 어떤 가설이 선택되는지를 모의한 것이며, DECO 프로그램은 결단상황을 모의한 것이며, ETHICO 프로그램은 윤리적인 상황에서 문제를 해결해 나가는 과정을 모의한 것이다. PI 프로그램에서 중요한 핵심은 설명(explanation)과 가설상정법(abduction)이다. 타가드는 문제해결의 중심적인 활동에 '설명'을 두었다. 설명을 이해에 이르고자 하는 하나의 과정이라고 정의하면서 설명은 사람들이 실제로 행하는 어떤 인지적인 시도여야지 문장들의 연역적 타당성만으로는 이루어질 수 없다고 보았다. 이런 관점에서 부각되는 것은 가설 발견의 추리 양식이다.75) 흔히 사람들은 그것이 과학적인 문제 상황이든 윤리적인 문제 상황이든 그 문제를 어떻게든 해결하고자 하며 그를 위해서 먼저 그 상황을 설명하고자 한다. 그래서 사람들은 자연스럽게 그 문제 상황을 설명하기 위한 설명가설을 발견하고자 애쓴다. PI 프로그램은 이렇게 마음의 연결구조가 문제 상황에 부딪쳐서 병렬처리과정을 통해 새로운 가설을 만들어 낸다는 것을 보여 주고 있다. 즉 문제를 해결하기 위해서 여러 가지 개념들이 서로 연결되면서 하나의 새로운 가설을 발견하는 것이다. 이 발견의 과정은 정당화의 과정이기도 하다. 왜냐하면 발견의 과정 속에 평가의 과정도 함께 작용하기 때문이다. 타가드는 평가기준으로 포괄성(consilience)과 단순성(simplicity), 그리고 유비(analogy)를 제시한다.76) 간단히 말해서 타가드에게 있어서 문제

---

75) 퍼어스가 제시한 것으로 전제가 참일지라도 결론이 거짓이 될 수도 있는 비논증적 추리의 일종이다(이초식, 『논리학』, 대한교과서 주식회사, 2005, p.186.).

76) 라이헨바하(H. Reichenbach)는 과학 탐구에서 정당화의 맥락과 발견의 맥락을 엄격하게 구분해야 한다고 한 반면에 타가드는 발견의 맥락과

해결이란 문제에 대한 설명의 과정으로 새로운 가설의 발견과 정당화의 과정이다. 그런데 여기서 하나 더 짚고 넘어가야 할 것은 그가 과학적 기술이 규범적 문제를 해결하는 데 기여할 수 있다고 생각한 점이다.[77] 그는 굳이 과학과 윤리의 문제를 구별하지 않았다. 그가 보기에 그 둘은 문제해결과정이라는 같은 맥락에 있는 것이기 때문이다.

그의 논의에서 중요한 것은 여러 가지 가능한 가설 중에서 어떤 것이 가장 적절한 것으로 선택되느냐 하는 것이다. 이 부분에서 그는 정합성의 문제를 부각시킨다. 어떤 것이든 정합성이 더 많은 가설을 택한다는 것이다. 그것은 ECHO든 DECO든, ETHICO든 모두 마찬가지이다. 특히 그는 정합성을 논리적 명제들 간의 무모순성 관계로만 한정짓지 않고 인간의 마음속에 있는 다양한 표상들 간의 관계에도 확대해서 생각한다. 그 구체적인 내용은 다음과 같다.

① 개념, 명제, 이미지, 목표, 행동 등과 같은 표상(representation)[78] 들이 단위요소들이라고 할 때,

---

정당화의 맥락은 구별될 수 없다고 하였다. 가설로써 발견했다는 것 자체가 정당성을 이미 준 것이라는 걸 함축하는 것이다(임병갑, 앞의 논문, p.46.).

77) 타가드는 PI 모의실험을 통해서 과학의 기술적(descriptive) 연구들이 과학의 규범적(normative) 판단에 꼭 필요하다는 것을 제시하였다(임병갑, 앞의 논문, p.41.).

78) 인지심리학에서 표상(representation)은 매우 중요한 개념이다. 우리들의 앎 혹은 정보는 있는 그대로 우리 머릿속에 들어와 있지 않다는 것이다. 그로 인해 갖게 된 심상(image)이나 언어, 감정 등에 의해서 좀 더 추상적인 어떤 상징적 표상으로 우리 마음속에 들어온다는 것이다. 인지심리학에서는 이 과정을 인지과정이라고 본다(이정모 외, 앞의 책, pp.22-23.).

② 요소들은 서로 정합하거나 부정합한 관계를 가진다. 정합관계에는 설명(explanation), 연역(deduction), 촉진(facilitation), 연합(association)관계 등이 포함되며, 부정합관계에는 양립불가능(imcompatiblity), 부정연합관계(negative association), 모순(contradiction) 등이 포함된다.

③ 만약 두 요소가 정합관계를 가지면 두 요소 사이에는 긍정제약(positive constraint)이 존재한다. 만약 두 요소가 부정합관계를 가진다면 두 요소 사이에는 부정제약(negative constraint)이 존재한다.

④ 요소들은 수용되는 요소들과 거부되는 요소들로 나누어질 수 있다.

⑤ 두 요소 사이의 긍정제약은 두 요소를 함께 수용하거나 함께 거부함으로써 만족될 수 있다.

⑥ 두 요소 사이의 부정제약은 두 요소 중 한 요소를 수용하고 한 요소를 거부함으로써 만족될 수 있다.

⑦ 정합성 문제는 한 요소군의 최대제약을 만족시키는 쪽으로 '수용요소군'과 '거부요소군'으로 나누는 문제이다.[79]

결국 요소들 간에 정합하든 부정합하든 제약만족이 극대화되는 것이 정합성이 큰 것이다. 이것이 '제약 만족 극대화(maximization of constraint satisfaction)'로서의 정합성 개념이다. 우리는 과학적인 설명에서는 물론 일상생활에서 부딪치는 모든 문제 상황에서도 관련되어

---

79) 임병갑, 앞의 논문, p.49.

있는 요소들 간의 정합성이 좀 더 큰 쪽으로 선택을 하여 판단하거나 결정하거나 행동한다. 이것은 판단이 연역논리나 귀납논리와 같은 합리적인 판단에 의거한다는 그간의 과학적 탐구이론과는 다른 것이다. 그는 정합성을 크게 연역적 정합성(deductive coherence)과 설명적 정합성(explanatory coherence), 목적적 정합성(deliberate coherence), 그리고 유비적 정합성(analogy coherence)으로 나누고 있다. 과학적인 문제 상황을 설명하고자 하는 ECHO 프로그램에서는 경험적 증거들과 가설들 사이의 설명적 정합성이, 행동의 결단을 요구하는 DECO 프로그램에서는 목표와 실천적 대안이나 행동 즉 수단 사이의 목적적 정합성이 요구된다. 특히 이 부분에서 주목이 되는 것은 목적적 정합성을 따지는 데 있어서 경험적인 사실들도 함께 고려해야 한다는 주장이다. 이론과 실제를 함께 고려하고자 하는 타가드의 의도가 드러난다. 이 외에도 그는 목표를 고정된 것으로 보는 것이 아니라 연결망 속에서 다른 표상들의 영향을 받아서 변형되거나 새로이 창조되기도 한다고 보았다. 타가드의 ETHICO는 윤리적인 문제에 있어서 요소들 간의 정합성을 따지는 문제로 다른 프로그램과 달리 네 가지의 정합성이 고루 고려되어야 한다는 입장이다. 다중 정합성 이론(multi−coherence theory)이다. 윤리적 원칙과 구체적 판단 사이에는 연역적 정합성이, 윤리적 원칙이나 판단들이 경험과 맞아떨어지느냐를 알아보기 위해서는 설명적 정합성이, 구체적인 판단이 추구하는 목적과 맞는지를 알아보기 위해서는 목적적 정합성이, 판단이 다른 유사한 사례에서도 비슷하게 이루어졌는지를 알아보기 위해서는 유비적 정합성이 필요하다는 것이다.[80]

규범의 문제보다는 사실의 문제에 초점을 맞추는 인지과학자인 타가드의 연결주의 프로그램을 아리스토텔레스와 롤즈에 이어 정초주의와 반정초주의의 한계들을 극복하는 개념으로 선택한 이유는 다음과 같다.

첫째, 그는 과학적 탐구와 윤리적 탐구를 연결하고자 하였다. 과학적 탐구든 윤리적 탐구든 모두 문제 상황이 있고 그 문제를 해결하고자 탐구를 한다는 점에서는 같다는 것이다. 뿐만 아니라 탐구의 과정이 갖고 있는 유사성에 주목하였다.

둘째, 연결주의 이론이다. 특히 병렬분산처리이론이다. 우리의 지식이 하나씩 하나씩 낱개로 떨어져 있거나 단선적인 체계를 가지는 것이 아니라 하나의 망으로 서로 얽혀 있으며 그로부터 우리들의 생각은 하나의 요소씩 순차적으로가 아니라 같은 내용적 의미 체계를 가진 것들이 한꺼번에 그리고 총체적으로 일어난다는 것이다. 바꾸어 말하면 우리가 어떤 판단을 할 때 한두 가지의 요소들에 의해서 판단이 이루어지거나 그것들이 하나씩 하나씩 순서를 가지고 처리가 되는 것이 아니라 모든 고려사항들이 하나의 유기적인 덩어리로 고려되면서 다차원적으로 판단이 이루어진다는 것이다.

셋째, 그의 정합성이론이다. 정합성은 어떤 틀 안에서 요소들 간의 맞아떨어짐이라고 볼 수 있다. 그에게 있어서 인지라고 하는 것, 다시 말해 우리가 무언가를 알고 이해하고 판단하는 것은 뭔가 100점짜리의 정답이 있는 것이 아니다. 우리의 판단을 요구하는 문제

---

80) 임병갑, 앞의 논문, pp.51-70.

상황에 맞게 혹은 그와 관련된 요소들 간에 서로 잘 맞아떨어지면 되는 것이다. 제약 만족을 극대화시키는 최선의 것이 있을 뿐이다. 이런 점에서 그는 반정초적 토대에 있다. 특히 ETHICO에 있어서는 더욱더 그렇다. 왜냐하면 윤리적인 문제는 특성상 다른 문제들보다도 그 해결이나 판단이 복잡하기 때문이다. 원칙이 결과를 보장하지도 못하고 결과만 좋다고 다 좋은 것도 아니다. 칸트의 의무만으로도 공리주의의 결과만으로도 우리의 윤리적인 문제들은 해결이 쉽지 않다. 더욱이 수단은 물론 목표도 합의하기가 쉽지 않은 문제이다. 현대는 더욱더 그렇다. 어떤 절대적인 원칙을 세우기가 힘들다. 다른 프로그램과는 달리 ETHICO에서는 네 가지의 정합성을 모두 고려하고자 한 타가드의 생각으로부터 그가 이러한 윤리적 문제의 특성을 간파하고 있음을 추리할 수 있다.

넷째, 타가드는 연역적 정합성, 목적적 정합성, 유비적 정합성은 모두 설명적 정합성에 의해서 다시 검토되어야 한다고 하였다. 이것은 과학적인 문제에 있어서는 물론이지만 윤리적인 문제에서조차 경험적인 사실들이 고려되어야 한다는 것을 암시하는 것이다. 연역적으로 타당하다고 해서, 목적에 맞는다고 해서 혹은 다른 사례들과 맞아떨어진다고 해서 어떤 것이 사실이 된다든지 윤리적으로 적절한 것이 되지는 않는다는 말이다. 과학적인 사실들 혹은 경험이 판단에 중요하게 작용해야 한다는 것을 의미하며 이런 측면에서 그는 아리스토텔레스적인 실천적 관심과 맥락적 관심을 가지고 있는 것이다.

다섯째, 하지만 그가 반정초적 토대에 있다고 하더라도 우리들의 판단이 이래도 좋고 저래도 좋은 무정부주의적인 상대주의에 빠져도 좋다는 것은 아니다. 그의 정합성은 이미 가설들 중에는 최선의 설명이 있음을, 또한 목표를 얻는 대안들 중에는 최선의 계획이 있음을 미리 전제하고 있기 때문이다. 그의 프로그램은 모두 그러한 최선의 것을 찾고자 하는 인간의 인지적 과정에 대한 설명이다. 특히 다른 프로그램의 출발점이라고 할 수 있는 PI 프로그램에서는 정당화의 문제를 다루고 있으며, 이 정당화의 기준으로 포괄성과 단순성, 그리고 유비를 내세우고 있다.[81] 이것은 타가드가 기술(description)을 주로 하는 인지과학자임에도 불구하고 좀 더 나은 생각이 있다는 것을 말함으로써 규범의 문제에 대해서, 그것도 객관적인 기준을 가진 규범의 문제에 대해 관심을 가지고 있다는 것을 의미한다. 이런 점에서 그는 순수한 상대주의자는 아니라고 할 수 있다. 뿐만 아니라 윤리적인 문제에 있어서 네 가지의 정합성을 모두 고려해야 한다고 한 점은 하나에 편중되거나 편협한 관점에서 판단이 이루어지는 것을 막기 위한 장치이다. 객관성이나 보편성을 획득하기 위한 노력이다.

여섯째, 그는 심사숙고의 필요성을 제안하고 있다. 타가드가 제시한 각각의 프로그램의 핵심은 정합성을 따져 보는 것이다. 그런데 정합성들을 따져 본다는 것은 설명과 증거가 혹은 목표와 수단이 서로 촉진관계에 있는지 아니면 상충관계에 있는지의 정합성을 따져 보는 심사숙고의 과정을 거치지 않고는 일어날 수 없는 일이기 때문이다.[82]

---

81) 포괄성은 대상에 대해 보다 많은 설명을 하는 가설 혹은 보다 중요한 점을 설명하는 것이며, 단순성은 작은 수로도 많은 것을 설명하는 것이며, 유비는 다른 문제들과 보다 많은 유비를 가지고 있는 것을 의미한다(임병갑, 앞의 논문, p.48.).
82) 이에 대해서 임병갑은 "결단을 수행할 때 목표와 행위들에 대한 심사

아리스토텔레스나 롤즈가 우리에게 정초와 반정초의 사이 길을 보여 주고는 있지만 그것을 실천함에 있어서 구체적으로 어떤 접근을 해야 하는지에 대해서는 다소 애매하고 모호한 반면 타가드는 인지 과학의 성과를 토대로 그것이 구체적으로 어떤 길인지에 대해서 좀 더 체계적이고 구체적인 길을 보여 준다. 판단의 유형을 분류하고 그에 따른 방법의 차이를 보여 주고 있기 때문이다. 그러나 타가드는 과학자이다. 그러므로 인간의 판단이 어떻게 일어나고 있는지를 설명함으로써 우리에게 판단의 과정에 대해서는 알게 해 주지만 윤리적인 측면에서 어떻게 생각해야 하는지 어떤 것이 옳은지에 대해서는 제시하는 바가 별로 없다. 특히 네 가지의 정합성은 정보들 자체의 진위나 적절성보다는 정보들 간의 정합적 관계에 집중한다. 일종의 형식이다. 하지만 도덕적인 문제에서는 정보 자체의 적절성이 무엇보다도 중요하다. 우리의 판단이 옳지 않은 전제들, 즉 정보들을 가지고 출발하였다면 그 정보들 간의 정합성이 아무리 제약 만족을 극대화한다고 하더라도 옳은 판단이 될 수는 없기 때문이다. 따라서 네 가지의 정합성이 다 맞아떨어진다고 해서 우리의 도덕적인 행동이 보장되는 것은 아니다. 그러기에는 다소 엉성한 필터이다. 또한 판단에 게재하는 감정의 문제를 언급하지 않은 것도 그의 이론을 도덕교육에 활용하고자 할 때 가지는 한계라고 볼 수 있다.83)

---

숙고(deliberation)를 통해서 구체적 행동에서 하위 상위 목표까지를 뭉뚱그려 목적적 정합성을 최대한 활용하는 행동 계획에 따라 행동한다."고 해석하고 있다(임병갑, 앞의 논문, p.65.).

83) 이런 점에서 타가드의 이론을 바탕으로 그의 한계를 극복하고자 '연결주의 다중표상론'이라는 새로운 종합적인 인지 모형을 제안한 임병갑의 논의는 매우 의미 있는 일이다. 그는 논리와 규칙, 개념, 유비, 이미지,

　아리스토텔레스의 실천적 지혜와 중용, 롤즈의 합당성과 반성적 균형은 모두 절대적인 것이 있을 수 없는 상황에서 어떻게 해야 우리가 '좀 더 나은 것'을 지향할 수 있는지를 보여 준다. 즉 상대적일 수밖에 없는 특수하고 개별적인 맥락 속에서 어떻게 하면 좀 더 객관적 최선의 것을 찾을 수 있느냐 하는 것이다. 결국 그들의 논의는 맥락적 객관주의를 지향한다고 볼 수 있다. 타가드는 물론 과학자이지만 우리가 맥락적 객관주의의 관점에 서고자 할 때 어떤 점을 고려해야 할지에 대해서 시사하는 바가 있다. 그러므로 그들의 이론은 여러 가지 측면에서 유사성을 가지고 있다.

　첫째, 실천을 중시한다. 둘째, 상황을 중시한다. 상황이 없는 실천이란 있을 수 없기 때문이다. 셋째, 정도의 차이는 있지만 모두 경험을 중시한다. 넷째, 판단을 위한 고려사항들이 많다. 단순히 하나의 이유나 정보 혹은 틀로서 판단을 내리기보다는 판단에 게재하는 복합적 요인들을 강조한다. 다섯째, 그들은 한결같이 숙고를 강조하다. 판단은 일종의 기계적 적용이거나 도식의 대입이 아니라는 것을 분명하게 시사하는 것이다.

---

정서를 다중적으로 고려하고 있다(임병갑, 앞의 논문, 1999.을 참고).

# Ⅳ 립맨의 합당성 개념과 그 구현 방안

이 장에서는 앞에서 살펴본 합당성 개념에 대한 이론적 배경을 참고하여 립맨의 합당성 개념에 대해서 살펴보고자 한다. 합당성 개념에 대한 그의 언급을 바탕으로 그 특징을 종합적으로 분석하고 그 것이 함의하고 있는 교육적 접근법으로서의 철학적 탐구공동체에 대해서 살펴본다.


# 1. 합당성 개념의 특징


립맨은 과거의 세대가 후손들에게 물려준 덕목 가운데 중요한 두 가지가 지식과 지혜라고 하였다.

> 과거의 세계가 물려준 중요한 지적인 덕목 두 가지는 지식 (knowl-edge)과 지혜(wisdom)이다. 지식은 원인과 결과, 목적과 수단 같은 합리적인 관계 속에서 결정을 내려야 할 때 필요했다. 하지만 지혜는 합리적으로 결정할 수 없어서 일종의 솔로몬의 판단과 같은 것에 의지해야 할 때 필요했다.[84]

정초주의적인 관점에서 지식은 이성에 의해서 파악될 수 있는 "영원한 진리의 본체"였다. 하지만 과학의 발달로 인간의 순수한 이성보다는 인간의 경험이 중시되었고 그로 인해 이성에 의해 획득한 "지식은 더 이상 경외의 대상이 아니었다." 진리는 단지 확률의 문제로 여겨졌다. 그러나 경험 역시 그것이 가진 한계 때문에 우리를 성급한 일반화의 오류나 편견에 사로잡히게 할 수 있었다. 또한 "논리 역시 절대적인 확실성을 주지는 못하였다. 왜냐하면 논리가 우리의 일상에 딱 들어맞는 것이 아니기 때문이다."85) 이성과 지식과 논리로 무장한 합리성이 더 이상 우리를 바르게 안내하지 못하는 것이다. 그렇다고 답을 포기할 수는 없다. 최선의 것을 찾아야 한다. 립맨은 이 최선의 것이 합당성이라고 하였다.86) 그렇다면 합당성은 규범적인 개념이고 평가적인 개념이다. 우리의 판단을 최선의 것이 되게 하는 혹은 우리의 판단이 최선의 것인가를 평가하는 기준이다.

그러나 립맨이 밝혔듯이 합당함이 단순히 적절함, 적합함, 어림 정도의 뜻을 갖고 있다면 그것은 우리가 최선의 답을 찾는 기준으로서 애매하고 모호하다. 물론 립맨의 이러한 설명이 합당성에 대한 개념을 이해하는 데 있어서 시사하는 점이 없는 것은 아니다. 합당성은 정오(OX)의 문제가 아니라 정도의 문제라는 것이다. 조금 덜

---

84) M. Lipman, *Thinking in Education, 2d ed*, New York: Cambridge University Press, 2003, p.205.

85) M. Lipman, 박진환 외 역, 『고차적 사고력 교육』, 인간사랑, 2005, pp.267-268에서 인용. 이 단락에서 굳이 과거용 종결어미를 사용한 이유는 판단에 대한 인식의 역사적인 흐름을 설명하고자 했던 립맨의 의도를 살리기 위해서이다.

86) 위의 책, p.268.

적절할 수도 있고 조금 더 적절할 수가 있다. 긴 스펙트럼의 어느 지점이다. 따라서 적절하다거나 적합하다거나 하는 것은 합당성 개념을 이해하는 데 아주 중요한 단서이다. 그러나 합당성이 최선의 것이라는 규범적이고 평가적 개념의 측면에서 보면 여전히 지나치게 애매모호하다. 최적의 정도를 찾는 기준을 좀 더 알아볼 필요가 있다. 즉 립맨의 합당성이 가진 보다 자세한 특징에 대해서 살펴볼 필요가 있다.


## 1) 실천성


합당성을 생각하면서 가장 먼저 떠오르는 것은 합리성이다. 인간은 이성적 존재이며 합리성은 이성에 의해서 얻어진다. 따라서 합리성은 이성적 원리에 따르는 것이다. 데카르트의 합리성, 칸트의 합리성, 롤즈의 합리성이라고 말할 때 우리 머릿속에 그려지는 것은 대개 연역, 원리, 원칙, 수학과 같은 용어들이다. 샵(A. Sharp)과 스플리트 (L. Splitter)는 합리성이 엄격하고 연역적이며 탈맥락적이고 비창조적이라고 하였다.[87] 립맨 역시 합당성을 논의하면서 가장 먼저 대비한 개념은 합리성이다. 그에 의하면 합리성은 이성과 논리이며 그리고 그것에 의해서 확립된 지식의 체계이다.

그렇다고 해서 립맨이 롤즈처럼 합리성과 합당성을 배타적인 관계

---

87) A. Sharp 외, *Teaching for Better Thinking*, Melbourne: ACER, 1995. pp.6-7.

로 생각하는 것은 아니다. 립맨은 합당성을 "판단과 관련된 합리성"88) 혹은 "판단에 의해 조절된 합리성"89)이라고 하였다. 여기서 합리성과 합당성을 관련지어 주면서 동시에 구별해 주는 것은 '판단'이다. 합리성과 합당성이 구별되는 맥락은 판단의 영역에서라는 의미이다. 그러므로 립맨의 합당성 개념은 '판단'의 영역에 있는 일이다.90) 그런데 아리스토텔레스에 의하면 판단은 사량적인 특징을 갖는 실천적 지혜의 영역에 있다. 따라서 합당성은 실천의 영역에 있다는 의미가 된다. 이런 맥락에서 볼 때, 합당성에 대한 립맨의 강조는 그가 실천의 문제를 매우 중요시하고 있다는 것을 짐작게 한다.

실용주의 학자인 제임스(W. James)의 도구주의(instrumentalism) 역시 실천력을 중시한다.91) 원래 도구주의는 퍼어스가 탐구과정에 게재하는 중요한 개념들을 명료화하기 위해서 사용한 '조작적 정의(operational definition)'에서 출발하였다. 제임스는 실험실 속의 도구주의를 우리들의 실제 삶의 영역 속으로 끌어들였다. 삶 속에서 어떤 결정이나 선택을 할 때 그 선택이 삶에 구체적으로 어떤 영향을 끼칠 수 있는가를 기준으로 결정하고 선택하라고 하였다. 또한 어떤 주장들이 해결될 전망이 없이 대립될 때에는 그것들이 우리들에게 미칠 수 있는 영향을 생각해서 선택하라고 말하였다. 참과 거짓을

---

88) M. Lipman, 박진환 외 역, 『고차적 사고력 교육』, 인간사랑, 2005, p.29.
89) 위의 책, p.271.
90) 이런 측면에서도 립맨의 합당성 개념과 아리스토텔레스의 실천적 지혜 사이의 유사성을 발견할 수 있다. 아리스토텔레스는 실천적 지혜가 필요한 영역은 지적인 덕 중에서도 사량적인 부분 특히 인간의 행위와 관련된 부분으로 '판단'이 필요한 부분이라고 하였다(Aristoteles, 최명관 역, 『니코마코스 윤리학』, 서광사, 1984, pp.182-185).
91) 임병갑, 앞의 논문, pp.12-13.

가리기 까다롭다면 실천적 측면에서 따져 보라는 의미이다. 제임스는 우리들의 관념, 개념, 가설, 이론, 신념 등은 모두 우리가 삶을 사는 데 필요한 하나의 도구들이며 그 기능과 가치는 우리들의 삶과 경험 속에서 우리를 얼마나 잘 인도해 주느냐에 달려 있다고 보았다.92) 듀이는 퍼어스의 논리적·과학적 측면과 제임스의 실천적·도덕적 측면을 결합하여 도구주의적 인식론을 이론적으로 완성하고 자신의 관심을 정치와 교육이라는 실천적 문제에까지 확장하고 있다. 특히 립맨은 이러한 듀이의 실용주의적 이론과 실천적 입장으로부터 많은 영향을 받고 있다.

하지만 립맨이 실천적 판단의 문제에 관심을 가진 결정적인 동기는 1968년에 있었던 콜롬비아 대학의 학생소요사건이었다.93) 당시 콜롬비아대학에 철학교수로 재직하고 있던 립맨은 이 사건을 목격하면서 학생들이나 교수들을 포함하여 그 소요의 진행에 관련된 당사자들의 의사소통능력과 판단능력이 매우 결핍되어 있다는 것을 깨달았다.94) 당시의 학생들은 산업의 급속한 발달로 이전 세대가 가지지 못한 자유와 풍요로움이 주는 새로운 가치들을 가지고 기성세대들이 전해 주고자 했던 가치들에 반발하기 시작했다. 그들은 대부분 전후

---

92) 위의 논문, p.17.

93) 콜롬비아 학생소요사건은 베트남 반전운동을 중심으로 기성세대에 대한 저항이 폭발한 학생시위였다. 학생들이 대학의 주요시설을 점거하자 8일째에 그레이슨 커크 총장이 경찰에 협조를 요청하였으며, 출동한 경찰이 휘두른 곤봉에 의해 학생들은 물론 무고한 시민들까지 크게 다쳤다. 이 사건은 이후의 학생운동에 커다란 영향을 끼치게 되었다.

94) R. Paul, *Thinking in the classroom; A survey of programs*, New York: Columbia University, 1986. 참조.

베이비붐을 타고 태어난 세대로 막강한 수적 파워를 가지고 있었다. 게다가 매스미디어의 발달은 전 세계 젊은이들이 자신들의 가치와 저항을 공유하게 하는 데 공헌을 하였다. 새로운 가치로 무장하고 있는 그들은 기성세대가 강조한 가치와 신념에 순종하지 않았다. 오히려 그런 가치들은 저항을 증폭시키거나 또 다른 저항을 불러일으킬 뿐이었다. 학생들 역시 자신들의 가치와 그에 기반을 둔 자신들의 주장만을 고집할 뿐 맥락을 고려하고 상대의 입장을 고려하면서 난국을 해결할 수 있는 대안을 찾아가는 능력은 부족하였다. 립맨이 보기에 무엇보다도 절실한 것은 의사소통능력을 바탕으로 한 판단력이었다. 그것도 어릴 때부터 체계적인 교육이 필요함을 통감하였다. 의사소통능력이나 판단력이 단시일 내에 주어지는 것은 아니기 때문이다. 립맨은 다음 해인 1969년 7월에 교육학자였던 샵(A. Sharp)과 함께 IAPC(Institute for the Advancement of Philosophy for Children)를 세우고 어린이를 위한 판단력과 의사소통능력 향상을 위한 'Philosophy for Children'이란 프로젝트를 실시하였다.

결국 립맨이 합당한 판단에 관심을 가진 이유는 그가 실천의 문제를 중시했기 때문이다. 콜롬비아 소요사태는 실천적인 삶의 문제에 속한다. 물론 우리들의 삶은 이와 같은 중대한 역사적 사건이 아니지만 역시 문제의 연속이며 그 해결의 과정이다. 그것은 전문적인 분야의 문제일 수도 있고 누구나 겪을 수 있는 일상적인 문제일 수도 있다. 또한 그것은 선택의 문제를 포함한 갈등의 문제일 수도 있고 단순한 문제해결일 수도 있다. 그러한 모든 실천적 문제들은 판단을 필요로 한다.

　그런데 삶의 문제들은 대부분 관련되는 지식이나 덕목을 그대로 적용해서 해결될 수 없다. 뿐만 아니라 합리성에 기반을 둔 원리나 원칙 혹은 논리적인 정당성만으로도 해결되지 않는 경우가 많다. 콜롬비아대학 소요라는 갈등의 문제 사태를 예로 들자면 교수는 교수들대로 가지고 있는 가치와 신념들이 있을 것이고 그들의 판단은 그것을 기반으로 도출되었을 것이다. 자신들의 원리와 원칙에 충실한 것이다. 합리성에 기반을 둔 판단이고 선택이다. 한편 학생들 역시 학생들 나름대로의 가치와 신념에 기반을 둔 판단과 선택을 했을 것이다. 그리고 그러한 판단을 자신들이 가지고 있는 가치와 신념에 비추어 정당화했을 것이다. 합리성에 기반을 둔 판단이고 선택이다. 하지만 각자의 합리적인 태도는 소요사태를 원만하게 해결하지 못하였다. 마침내 경찰력이 투입되었고 수많은 사상자를 내었으며 이후의 학생운동을 과격하게 만드는 계기가 되었다. 합리성만으로는 문제를 해결하지 못한 것이다.

　전문적인 분야의 문제에 있어서도 마찬가지이다. 립맨이 실천적인 판단의 전문가로 자주 예를 드는 것은 의사와 판사이다. 그들은 모두 법과 의학에 대한 지식을 가지고 있다. 실천에 필요한 원칙도 알고 있다. 하지만 개별적인 상황에 처해서는 그 원칙들을 그대로 적용할 수는 없다. 의사의 경우 똑같은 병을 앓고 있는 환자라 하더라도 그의 병리적 상태를 결정짓는 다양한 고려사항들은 물론 심리적 상태까지 고려하면서 병에 대한 판단과 치료에 대한 판단을 내려야 하기 때문이다. 판사도 마찬가지이다. 법전에 판결에 대해 명시되어 있고 그에 따라 판결을 하면 되지만 실제의 사법적 상황은 매우 복합적이다. 단순히 명시된 법을 그대로 적용할 수는 없는 문제들이 많다. 따라서 맥락에 맞는 유연성이 필요하다. 립맨은 이 점에 대해서 아리스토텔레스의 말을 인용하면서 강조하고 있다.

> 개별적인 상황은 그 자체의 측면에서 검토되어야 하는 것이지 일반적인 규칙이나 원리와 같은 프로크루스테스의 침대(procrustean bed)로 재단해서는 안 된다고 하였다.[95] "사물이 명확하지 않다면 그것을 재는 자 또한 명확하지 않아야 한다. 예를 들어서 집을 짓는데 울퉁불퉁한 돌의 표면을 다룰 때는 곧은 자를 써서는 안 된다. 마찬가지로 법령 역시 현실에 적합해야 한다."[96]

뿐만 아니라 그들은 기존의 지식이나 원칙으로는 도저히 감당할 수 없는 아주 새로운 문제들도 만난다. 전혀 새로운 증상의 병을 가진 환자가 있을 수 있으며 판례를 전혀 찾을 수 없는 아주 새로운 사법적인 상황들도 발생하기 때문이다. 이런 경우에 그들은 실험적이고 가설적인 절차를 활용하면서 새로운 문제 상황을 해결하도록 노력한다.

---

95) 프로크루스테스의 침대(Procrustean bed)는 그리스 신화에 등장하는 이야기로 자기가 세운 일방적인 절대 기준과 틀에 다른 사람들을 강제로 맞추려는 아집과 편견의 전형으로 자주 인용되는 말이다. 프로크러스트는 고대 그리스의 여인숙 주인이면서 강도였다. 그런데 그는 지나는 행인을 억지로 자기 집에 초대하여 하룻밤을 묵게 했다. 그의 집에는 쇠로 만든 짧은 침대와 긴 침대, 두 개의 침대가 있었는데 프로크러스트는 키가 큰 사람은 짧은 침대에 눕혀 넘치는 팔다리를 잘라 죽이고, 키가 작은 사람은 긴 침대에 눕혀 늘여 죽였다(이윤기, 『그리스 로마 신화』, 웅진닷컴, 2001, pp.34-35.).
96) M. Lipman,, 박진환 외 역, 『고차적 사고력 교육』, 인간사랑, 2005, p.285에서 재인용.

일상적인 문제들도 마찬가지이다. 특히 도덕적인 문제는 더욱 그렇다. 왜냐하면 도덕의 문제는 매우 복잡하고 복합적이기 때문이다. 게다가 매우 개별적이고 특수한 문제이다. 그러므로 표준적인 덕목이나 보편적인 원칙이 있다고 해서 그것을 그대로 적용할 수는 없는 문제이다. 적용에 있어서의 유연성이 필수적이다. 뿐만 아니라 급속히 변하는 세상은 너무나도 생소한 도덕적인 문제들을 우리 앞에 쏟아 낸다. 인간 복제나 안락사 문제, 그리고 인터넷에 의해 발생하는 각종 도덕적 문제들은 우리가 예전에 갖지 못하던 문제들이며 우리들은 아직 그를 해결하는 데 필요한 어떤 내용적 가치도 원칙도 마련하지 못하였다. 새로운 가치와 원칙의 구성이 필요하다. 더구나 반정초주의적인 인식은 그나마 우리에게 주어져 있던 보편적인 가치의 절대성에 대해서 의심하게 하였다. 시대의 변화는 자명한 것으로 보이는 도덕적 가치에 대한 우리의 평가를 변화시킨다. 그래서 우리가 기대어 선 가치와 원칙들의 적합성을 끊임없이 따져 보아야 한다. 합리성으로는 해결되지 않으며, 주어진 지식이나 가치에 대한 절대적 신념으로는 해결되지 않는다. 구체적이고 개별적인 도덕적 실천 판단에 관한 한 정답을 찾기란 힘든 일이다.

그러므로 모든 실천적 문제들은 그것이 전문적인 분야의 문제이든 일상적인 문제이든 혹은 갈등의 문제이든 대안 선택의 문제이든 모두 기존의 지식이나 가치 혹은 원리나 원칙에 대한 유연한 적용과 새로운 구성을 필요로 한다. 그리고 그것은 합리성으로만 해결될 수는 없다. 합리성을 변형시킬 뭔가 새로운 판단 기준이 필요하다. 바로 실천적 측면에서의 합당성이다. 립맨은 합당성이 실천적 판단을 전제로 한 개념으로 실천적 판단이 가져야 할 궁극적인 기준이라고

하였다.97) 따라서 립맨의 합당성을 이끄는 가장 중요한 특징은 실천
성이다.

　그렇다면 합당성의 실천적인 성격, 즉 실천적인 합당성을 갖기 위
해서 필요한 것은 무엇인가. 이에 대해 립맨이 강조하는 것은 맥락에
대한 민감성이다. 앞의 논의들에서 실천적인 문제들이 합리성만으로
해결되지 못하는 이유는 실천이 수행되어야 할 맥락들이 모두 개별적
이고 특수하기 때문이다. 비슷해 보이는 상황도 자세히 보면 다른 상
황이다. 이에 대해서 립맨은 듀이(J. Dewey)가 말한 질적 직접성
(immediately pervasive quality)이나 유스(G. Yoos)의 일차적 측면
(primary aspect)의 개념을 들어서 모든 상황이 가지고 있는 나름의 고
유성을 강조한다.98) 따라서 이런 질적 직접성이나 일차적 측면을 무
시한 채 같은 가치나 원칙을 적용해서는 실천적 합당성을 가질 수 없
다. 소요사태의 학생들과 교수들은 자기들이 지지하는 가치와 원칙
이외에 그런 사태가 야기된 맥락과 해결을 위한 맥락을 모두 볼 수
있었어야 했다. 전문적인 분야의 문제에 있어서도 지식은 물론 실천
의 각 맥락이 가지고 있는 특수하고 개별적인 특성을 파악해서 고려
할 줄 알아야 한다. 도덕적인 덕을 실천하는 데 있어서도 그 상황에
관련된 도덕적인 표준들에 대해서 알고 있어야 하지만 그러한 표준들
이 중용으로서의 적합함을 가지기 위해서는 고유한 맥락을 읽을 줄
알아야 한다. 그래야 유연한 적용과 함께 원리나 가치들이 좀 더 실천
에 있어서 진정성을 확보할 수 있기 때문이다. 이런 점에서 립맨은 정

---

97) 위의 책, p.303.
98) 위의 책, p.122를 참고.

당한 이유와 원칙을 대는 일이 실천적 판단에 있어서 구문론적 접근(syntactical approach)이라면 맥락을 파악하는 일은 실제 상황이 가지고 있는 의미까지도 파악하는 의미론적 접근(semantical approach)이라고 설명하고 있다.99)

듀이 역시 맥락을 중시하였다. 그에 의하면 인간과 환경, 즉 맥락을 떼어 놓고 생각할 수는 없다.

> 상황이라는 말이 가리키는 것은 어떤 단일한 대상이나 대상들 간의 집합도 아니다. 우리는 고립된 상태의 대상들이나 사상들에 대해서가 아니라 하나의 맥락을 이루는 전체(contextual whole)와 연관해서 대상들과 사상들을 경험하고 판단하기 때문이다.…… 실제 경험에 비춰 볼 때 고립된 대상이나 사상은 존재하지 않는다. 하나의 대상이나 사상은 우리를 둘러싼 경험되는 세계, 즉 하나의 상황의 특수한 일부이며 측면이다.100)

특히 듀이는 사람을 환경 안에 있는 존재라고 본다. 그것도 단순히 그 안에 있는 것이 아니라 그것에 의해 산다고 하였다. 인간과 상황 혹은 맥락을 하나로 통합하고 있다. 이것은 우리가 인식주체로서 맥락에 대한 고려를 인식하든 인식하지 않든 맥락을 떠나서 생각하거나 판단할 수 없다는 의미이다. 맥락에 대해서 생각한다기보다는 맥락에 의해서 판단하는 것이다. 판단에 있어서 맥락이 갖는 중

---

99) Lipman, M., *Thinking in Education*, 2d ed, New York: Cambridge University Press, 2003, pp.53-54.

100) J. Dewey, *LOGIC: The Theory of Inquiry*, Henry holt and Company, 1938, p.66.

요성에 립맨은 다음과 같이 말하고 있다.

> 결론적으로 하나의 계획에 기여하는…… 실제적인 비율은 특정한 사고가의 필요에 의해 결정된다기보다는 오히려 맥락에 의해 결정된다.[101]

결국 실천적 합당성을 확보하기 위해서는 자신의 판단이나 행동을 합리화시키고 정당화시키기 위한 이유를 갖는 것 이외에도 문제가 속한 맥락이 갖고 있는 시간과 공간적 배경은 물론 거기에 연루된 사람들의 입장과 감정, 그리고 그 문제가 가지고 있는 다양한 관점 등 좀 더 폭넓게 맥락을 읽을 필요가 있다. 즉 맥락에 대한 민감성이 아주 중요하다. 아리스토텔레스가 실천적 지혜를 강조한 것도 롤즈가 반성적 균형을 강조한 것도 결국은 실천적 맥락에 따른 차이를 중시하는 실천적 합당성을 갖기 위한 것이라고 볼 수 있다.

실천적 합당성을 확보하기 위해 빠뜨릴 수 없는 것은 주체성의 개입이다. 다시 말해 그 판단이 내가 자발적으로 한 판단인가 하는 점이다. 립맨은 교육의 목표가 자율적인 사람을 키우는 일이라고 주장하면서 자율적인 사람에 대해서 "스스로 판단하고 세상에 대해서 자기 스스로 이해하려 하고 자신이 되고 싶은 인간의 개념을 스스로 키워 나가는" 사람이라고 정의하고 있다. 그리고 이러한 주체적인 판단력이 교육의 목표가 되어야 하는 이유는 주체적인 판단력 자체가 중요하기 때문이 아니라 그를 통해 각자가 실천적인 삶의 맥락에

---

101) M. Lipman, 박진환 외 역, 『고차적 사고력 교육』, 인간사랑, 2005, p.323.

서 분별력을 가지면서 삶의 질을 높일 수 있기 때문이라고 하였다.[102] 자기 판단력이 있어야 우리 삶에 대한 실천적인 힘을 갖는다는 것이다. 키에르케고르는 무엇인가를 안다는 것과 그 앎에 부합하는 삶을 산다는 것은 다르다고 하였다. 앎과 실천 사이의 이 괴리는 앎을 자신의 것으로 완전히 내면화하지 못했기 때문이라고 하였다. 키에르케고르는 이런 내면화를 점유화(appropriation)라고 표현하였다. 즉 점유화되지 않은 앎은 나의 것이 아니며 실천을 끌어내는 데 있어서 별 힘을 발휘하지 못한다.

> 중요한 것은 나에게 진리인 그러한 진리, 내가 그것을 위하여 기꺼이 살고 또 죽을 수 있는 그러한 관념을 찾는 일이다. 만일 나에게 또 나의 사람에게 깊은 의미를 지니지 않는 것이라면 소위 객관적 진리라 불리는 것들을 내가 안다는 것이 나에게 얼마나 소용이 있는가?…… 진리는 내 속에서 살아 있는 것이 되어야 하며, 이것이 내가 보기에는 무엇보다 중요하다.[103]

강요되거나 주입된 것에 비해서 우리가 자발적으로 결정한 것이나 선택한 것은 실천력을 갖는다. 이러한 실천력은 바로 일정한 판단이 나의 실행에 있어서 좀 더 합당한 것이라는 의미를 함축하는 것이기도 한다. 자율적일 때 실천적 동기가 더 커지기 때문이다. 특히 립맨은 주체적 판단을 위한 도전적 사고와 독자성, 독창성을 중시하였다.

---

102) 위의 책, pp.46-47.
103) 엄태동5, "키에르케고르 간접전달의 인식론적 의의", 『교육철학』제19집, 교육철학회, 1998. p.12에서 재인용.

## 2) 다측면성

　실천적 합당성은 맥락에 대한 민감성을 필요로 한다. 하지만 자칫 이것은 우리의 판단을 상대적으로 이끌면서 혼란을 일으키기 쉽다. 모든 맥락이 개별적이고 구체적이기 때문에 옳고 그름 혹은 더 나음을 따질 수 없다고 생각할 수 있기 때문이다. 그러므로 반정초주의에 기반을 둔 맥락주의가 가진 상대성에 빠질 수 있다. 하지만 립맨은 판단의 규범적인 측면을 포기한 적이 없다. 실천적 합당성을 가지는 데 필요한 주체적인 판단력을 강조하면서도 동시에 그것이 조야한 상대주의로 연결될 수 있음을 지적하고 경계하였다. 맥락에 대한 고려도 마찬가지이다. 그것은 최선의 것 혹은 좀 더 나은 것이라는 합당성의 울타리 안에서 이루어지는 것이므로 맥락에 대한 고려도 결국은 합당한 것을 찾아가는 하나의 방편에 지나지 않는다. 그것이 합당한 판단을 좌우하는 필요충분조건은 아니다. 따라서 합당성을 가지기 위해서는 또 다른 무언가가 필요하다.

　이런 측면에서 립맨은 기준이나 표준 혹은 원칙의 필요성을 강조한다. 이것을 인지적 책무(intellectual responsibility)라고 하였다.[104] 때문에 그는 합리성과 합당성을 분리해서 생각하지 않는다. 합당해지기 위해서는 우선 합리적일 수 있어야 한다. 그래야 합당성이 일차적인 규범적 기반을 갖기 때문이다. 문제를 해결하는 데 필요한 기준이 있으며 나아가 각각의 기준별로 동시대의 사람들이 널리 인

---

104) M. Lipman, 박진환 외 역, 『고차적 사고력 교육』, 인간사랑, 2005, p.276.

정하는 표준이 존재한다. 우리들의 판단은 그러한 기준이나 표준을 근거로 이루어지며 따라서 객관적이고 보편적인 측면을 띤다고 보는 것이다. 아리스토텔레스에게 실천적 지혜의 표준으로서의 도덕적인 덕이 있고 롤즈에게 반성적 균형의 표준으로서 합리적 선택에 의한 원칙이 존재하는 것과 마찬가지이다. 합당해지기 위해서는 기준이나 표준이 있어야 한다. 바로 비판적 측면에서의 검토이다.

## (1) 비판적 측면

비판적 측면에서 중요한 것은 기준을 가지고 판단하는 것이다. 립맨은 비판적(critical)이라는 말의 어원이 기준(criteria)이라는 점을 강조한다.[105] 합당하기 위해서는 무엇보다도 기준을 가지고 판단해야 한다. 기준은 우리의 판단에 객관성과 신뢰성을 준다. 기준에는 판단에 대한 근거, 표준 등이 포함된다. 기준이나 근거가 탄탄할수록 튼튼한 판단이 된다. 립맨은 우리가 기댈 수 있는 기준들의 예를 구체적으로 열거한다.[106] 이러한 기준들은 합리성을 확보하는 기준이기도 하다.[107] 콜버그의 도덕적 정당화는 이러한 기준이나 근거들에 집중하는 것이다.

립맨은 메타기준(meta-criteria)과 메가기준(mega-criteria)이라는 개념

---

105) 위의 책, p.21.
106) 표준, 법, 관례, 규범, 정의, 원리, 이상, 방법, 절차 등 매우 폭넓은 목록을 제시하고 있다(위의 책, p.278.).
107) 이런 측면에서 스프로드(T. Sprod)는 비판적 측면을 합리성과 연결시키고 있다(T. Sprod, 박재주 외 역, 『윤리탐구공동체교육론』, 철학과 현실사, 2007, pp.47-50. 참고).

도 사용하고 있다. 메타기준은 기준의 적절성을 알아보는 기준, 즉 기준에 대한 기준들로 적절성(relevance), 강력성(strength), 일관성(consistency) 등을 들고 있으며, 메가기준은 아주 높은 수준의 보편성을 가지고 있어서 판단을 할 때마다 암묵적으로 전제하게 되는 것이다. 일종의 규제적 이상으로 인식론의 메가기준은 참이며, 윤리학의 메가기준은 옳고 그름이라고 할 수 있다. 우리가 윤리학적인 측면에서 판단을 할 때는 항상 옳고 그름이라는 대전제를 규제적 이상으로 하는 것이다.[108)

특히 립맨은 판단을 하는 데 있어서 표준(standard)의 절대적인 필요성을 강조한다. 기준은 종류의 문제이지 적절함이 가져야 할 정도에 대해서는 알려 주는 것이 없기 때문이다. 어떤 기준을 어느 정도 만족해야 하는지를 알아야 합리성이나 합당성을 따질 수 있기 때문이다. 때문에 표준은 매우 중요하다. 관습적 표준도 있고 도덕적인 표준도 있으며, 측정단위와 같은 공식적인 표준도 있는데 그러한 표준은 현재 우리가 그것을 가장 선호한다는 것을 보여 주고 있다고 하였다.[109) 로티(R. Rorty)의 표현을 빌자면 통상적이고 지배적인 담론이 우리에게 말해 주는 진리이다. 물론 이러한 통상적인 표준들이 항상 옳은 것이 아닐 수는 있지만 그것들이 없이 합당한 판단을 내릴 수는 없다.

하지만 중요한 것은 립맨에게 이러한 기준이나 표준은 잠정적인

---

108) M. Lipman, *Thinking in Education*, 2d ed, New York: Cambridge University Press, 2003. p.215.
109) M. Lipman, 박진환 외 역, 『고차적 사고력 교육』, 인간사랑, 2005, pp.281-282.

것이며 언제든지 좀 더 적절한 근거들에 의해서 변경가능하다는 점
이다. 기준이든 표준이든 그것은 절대적이고 항구적인 것이 아니라
잠정적이다. 그러므로 그것은 맥락에 따라서 항상 재검토되어야 한
다. 결국 잠정적인 기준이나 표준에 의한 판단은 모두 잠정적이다.
이에 대해 립맨은 듀이의 말을 인용하면서 강조하고 있다.

> 특정 탐구에 의한 특정 상황의 '확정(settlement)'이 영원히 지속될
> 수 있는지는 보장할 수 없다. 확정된 신념의 획득은 하나의 과정일
> 뿐이다. 더 이상 탐구될 필요가 없을 만큼 완벽히 해결된 신념이란
> 없다. ……과학적 탐구에서조차 어떤 결과가 지식으로 받아들일 만큼
> 안정적인가 하는 기준은 앞으로의 탐구에 하나의 자원으로 활용할 수
> 있을 만큼 안정적인가 하는 것이지, 결코 앞으로의 탐구에서 수정해
> 나갈 수 없을 만큼 안정적인 것인가 하는 것은 아니다.[110]

립맨은 이런 측면에서 비판적 측면이 반성적 측면을 가진다고 하였
다. 우리가 내린 판단이 혹시 잘못된 것은 아닌지 현재의 맥락에 적합
한 것인지를 항상 반성해 보아야 하기 때문이다. 립맨에 의하면 반성
적 사고는 "자신이 채택하고 있는 근거와 절차와 관점들을 돌아보는
것이다." 또한 반성적 사고는 "선입견이나 편견, 자기기만을 만드는
요소가 무엇인지를 알고자 한다." 그러므로 그것은 "절차에 대한 사고
이면서 동시에 내용에 대한 사고"라고 말한다.[111] 따라서 반성적 특성
을 가진 비판적 사고는 메타인지적인 사고이며 자기수정적인 사고이

---

110) 듀이의 말을 위의 책 p.131에서 재인용.
111) 위의 책, pp.47-48.

다. 특히 립맨은 비판적 사고에 있어서 자기수정(self-correct)을 매우 중요시하였다. 왜냐하면 인간의 판단은 오류가 가능하기 때문이다. 엄밀히 말해서 립맨의 합당성이나 아리스토텔레스의 실천적 지혜 혹은 롤즈의 반성적 균형이 전제하고 있는 것은 이 오류가능성이다. 그들이 절대적인 표준을 제시하지 못하거나 단순한 정오(OX)의 판단을 지양하는 것은 모든 판단은 오류가능하며 그것의 평가는 '정도'의 차원에서 이루어질 수밖에 없기 때문이다. 그러므로 이것은 우리들의 지적 겸손을 요구한다. 그래야 자신의 한계는 물론 독단에 빠지지 않기 때문이다.112) 오류가능성에 기초한 지적 겸손을 토대로 반성적 측면을 갖지 않고는 우리의 판단은 비판적 측면을 확보할 수 없으며 따라서 합당성을 확보할 수 없게 된다. 오류가능성을 전제로 한 자기 수정적인 태도가 비판적 측면의 전제이며 곧 합당성을 획득하는 전제이다.

그렇다면 기준을 가지고 자기의 판단을 반성하고자 할 때 우리는 어떻게 그 판단의 합당성 여부를 구별할 수 있는가. 단순히 기준을 가지고 있거나 표준을 가지고 있다고 해서 합당성이 획득되는 것은 아니다. 따라서 '좀 더 적절한' 기준에 대한 안내가 필요하다. 그런데 엄격한 논리적 판단의 맥락에서는 형식 논리의 타당성이 기준이 될 수 있지만 구체적인 실천의 맥락 속에서 형식 논리는 별로 효과적이지 못하다. 형식 논리는 추상적이고 기호적인 언어를 추구하는 반면 우리들의 일상 언어는 그렇지 않기 때문이다. 이 때문에 논리적 실증주

---

112) 이지애는 이것을 판단에 꼭 필요한 철학적 겸허(philosophical humility)라고 하였다(이지애, "오류가능주의에 근거한 철학적 겸허와 그 도덕교육적 함의", 『철학윤리교육연구』제37호, 2007.).

의자들은 윤리적 언명에 대한 판단을 포기하였으며, 헤어는 어떻게든 그러한 한계를 극복해 보고자 실천삼단추리라는 다분히 형식적인 판단을 도모한 것이다. 그래서 립맨은 형식 논리와 함께 비형식 논리에 주목하였다. 왜냐하면 우리의 일상적인 판단을 지배하는 것은 비형식 논리이기 때문이다.113) 립맨은 비형식 논리를 바탕으로 실천적 맥락에서의 합당성을 가름하는 새로운 평가개념을 도입하는데 바로 '평가원칙(value-principle)'이다. 립맨은 정확성(precision), 일관성(consistency), 적절성(relevance), 수용가능성(acceptability), 충분성(sufficiency)이라는 다섯 가지의 평가원칙을 제안하였다.114) 이러한 다섯 가지의 평가원칙은 우리들의 일상적인 판단이 가져야 할 합당성의 기준이다. 나아가 립맨은 그 평가원칙이 따라야 할 표준까지 제시하고 있다. 기존의 비형식 논리의 오류 목록을 평가원칙과 연결시켜서 '합당성을 세워 주는 타당성표'로 제시하고 있다.115)

실천적 합당성이 갖는 맥락에 대한 민감성은 이러한 '평가원칙'을 기준으로 하고 '타당성표'를 표준으로 하는 자기 수정적 반성의 과정을 거친다. 물론 어떤 평가원칙을 어느 만큼 활용할 것인가의 문

---

113) 위의 책, pp.66-68 참고.

114) 정확성은 판단의 기준이나 내용의 엄밀성에 관한 것이며, 일관성은 근거들이나 판단들 사이의 무모순성을 의미한다. 또한 적절성은 근거와 판단 혹은 목적과 수단 등의 관련성을 따져 보는 것이며, 수용가능성은 확실한 표준을 어기지 않는 건전성과 신뢰성을 의미한다. 끝으로 충분성은 판단을 내리는 데 있어서의 고려사항들이 빠짐없이 충분하게 고려되고 있는지를 평가하는 것이다(M. Lippman, *Thinking in Education*, 2d ed, New York: Cambridge University Press, 2003. pp.299-301.).

115) M. Lipman, 박진환 외 역, 『고차적 사고력 교육』, 인간사랑, 2005, pp.235-241.

제는 다시 맥락을 고려하여 결정된다. 따라서 맥락과 평가원칙이 상호작용하면서 정초와 반정초 사이의 반성적 균형점을 갖게 되는 것이다. 물론 이 과정을 지배하는 것은 오류가능성을 토대로 한 겸손과 자기 수정적 태도에 있다.

## (2) 창의적 측면

자기수정적인 관점에서 기준과 표준을 가지고 모든 판단을 반성적으로 검토하는 것은 합당성을 갖는 데 매우 중요한 일이다. 하지만 비판적인 측면은 주로 현재 가지고 있는 기준과 근거 혹은 표준을 중심으로 판단을 내리거나 아니면 이미 내려진 판단의 합당성을 묻는 데 주력하게 된다. 그런데 만약 이미 주어진 기준이나 표준으로는 해결이 되지 않는 새로운 상황을 만나거나 비판적인 검토의 과정에서 판단에 오류가 발견되었을 경우에는 새로운 기준과 표준 혹은 판단이 필요하다. 비판적인 원칙의 유연한 적용이나 새로운 구성이 필요하다. 기존의 것을 넘어서는 좀 더 창의적인 측면이 필요한 것이다.[116] 그러므로 합당해지기 위해서는 창의적 측면이 필수적이다.

립맨은 비판적 측면이 대개 수렴적인 특징을 갖는다면 창의적 측면은 확장적이라는 특징을 갖는다고 하였다. 물론 비판적 측면에서

---

116) 이런 의미에서 이초식은 비판적 구성주의(critical constructivism) 이론을 정립하고 있다. 인간의 정신은 비판과 구성이라는 두 가지 차원을 반복하면서 이루어지고 있다는 것이다. 이는 타가드가 가설의 발견과 정당화는 통합되어야 한다고 한 것과 같은 맥락에서 이해할 수 있다. 이에 대해서는 다음을 참조(이초식, 앞의 책, pp.9-10.; 임병갑, 앞의 논문, pp.103-107.).

일어나는 형식적·비형식적 추론들 역시 어떤 관계를 만들어 냄으로
써 우리들의 지식이나 이해를 확장시켜 주지만 그것들은 이미 우리
가 가지고 있던 것들 속에서의 논리적인 관계를 맺어 줌으로써 확장
하는 것이다. 하지만 창의적이라는 것은 새로움을 발견하고 발명해
낸다. 당혹스러워하면서 문제를 만들어 내고 도전하면서 새로운 것
을 만들어 낸다. 따라서 립맨은 창의적 측면의 핵심개념으로 새로움,
문제성, 도전, 발견, 발명, 구성 등의 개념을 강조하고 있다.117) 긍정
적이든 부정적이든 새로운 것을 발견하여 문제성(problematicity)을
일으키면서 그것에 도전하고 해결하기 위해 다시 새로운 것을 발명
하는 것이다. 립맨은 판단을 확장시켜 주는 대표적인 예로 일반화와
가설과 은유와 유추를 강조한다. 일반화는 유사한 성격을 가지고 있
는 사례들이 공유하고 있는 특징을 추리해 냄으로써 주어진 정보를
확장하고 새로운 의미를 만들어 낸다. 가설은 다양한 증거들로부터
기존의 개념으로는 설명할 수 없는 생경하고 복잡한 문제들을 예측
하고 설명해 보고자 한다. 유추는 사물이나 현상이 가진 유사성을
찾아내어 기존의 기준이나 개념 등을 새로운 문제 사태에 응용해 보
고자 한다.118) 립맨은 창의적 측면이 판단을 만들어 내는 데 있어서
비판적 측면 못지않게 중요하다고 강조하고 있다.

특히 창의적인 측면이 가장 절실히 요구되는 상황은 무엇보다도
난제(難題)해결의 맥락이다. 난제란 기존의 지식이나 원칙들로는 해
결이 될 수 없는 상황을 의미한다. 그러므로 이러한 문제에서 필요

---

117) M. Lipman,, 박진환 외 역, 『고차적 사고력 교육』, 인간사랑, 2005,
    pp.312-319.
118) 위의 책, pp.319-321.

한 것은 창의적인 판단력이다. 립맨은 듀이의 문제해결 절차를 정식화한 최신의 버전을 소개하면서 창의적 측면이 가진 중요한 역할을 보여 주고 있다. 이 알고리즘은 8단계를 가지고 있다.[119]

① 문제가 있다는 감정의 표현
② 감정의 원인에 대한 확인(문제의 형성)
③ 원하는 최종적 상태나 목표의 선택(목표의 형성)
④ 수단의 확인(가설의 설정)
⑤ 결과에 대한 예상
⑥ 대안의 선택
⑦ 실천계획의 고안
⑧ 결과에 대한 평가

위의 문제해결과정은 그 자체가 창의적 측면을 강하게 드러낸다. 립맨은 문제해결과 창의적 사고의 관계를 다음과 같이 설명하고 있다.

창의적 사고는 문제해결과정 속에서 움직이는 정신이라고 생각한다. 의심은 우리가 현재 가지고 있는 신념을 유보하게 한다. 문제 상황을 재구성하고 대안적인 가설을 세우고 가능한 결과들을 고려하면서 문제가 사라지고 새로운 신념이 생길 때까지 경험을 조직한다.[120]

---

119) 이 문제해결 알고리즘은 과학적인 탐구의 방식을 참고로 윤리적인 탐구의 맥락에 적용한 것이다(위의 책 pp.80-81.).
120) 위의 책, p.319.

한편 창의적인 측면은 대상에 대한 이해와 평가를 좀 더 합당하게 하기 위해서도 필수적이다. 비판적인 측면의 합당성은 주로 기준이나 표준을 가지고 분석적으로 접근하기 때문이다. 하지만 부분의 합이 전체인 경우는 드물다. 이것은 합성의 오류이다. 전체는 전체로서의 독특한 특징을 가지고 있기 때문이다. 유스(Yoos)가 말하는 일차적 측면(primary aspect)을 가지고 있는 것이다.[121] 예를 들어 미술작품을 선이나 색을 기준으로 평가하는 것은 비판적이고 분석적인 차원이지만 독창적인지 도전적인지 상상적인지 하는 기준으로 보는 것은 그와는 다른 차원이다. 총체적인 측면에서 화가가 가지고 있는 창의적인 측면을 바라보는 것이다. 립맨은 총체성 이외에 창의적인 측면이 가지고 있는 특징이 독창성, 생산성, 상상성, 독자성, 도전성, 자기초월성, 발명성 등이라고 하였다.[122] 특히 독창성과 독자성은 중요하다. 단순히 모방하지 않고 순응하지 않으려는 창의적 측면의 성향은 이 독창성과 독자성에서 나오기 때문이다. 이 때문에 '다름'을 추구하고 개별성을 추구한다. 이것이 특히 중요한 이유는 '다름'에 대한 감각이 다름에 대한 민감성을 주며, 이 다름에 대한 민감성이 실천적 합당성을 얻는 데 중요한 맥락에의 민감성을 주기 때문이다. 특히 유스가 말하는 일차적 측면이 갖는 고유성을 찾아내는 것이 바로 이 '다름'에 대한 민감성이다. 그러므로 합당성을 갖기 위해서는 창의적 측면도 꼭 필요하다고 볼 수 있다.

---

121) 위의 책, p.312.
122) 위의 책, pp.313-317.

## (3) 배려적 측면

립맨이 비판적·창의적 측면과 함께 중시한 것은 배려적 측면이다. 이것은 주로 감정(emotion)과 관련되어 있다. 인간의 문제에 관한 한 감정적인 측면을 무시할 수는 없기 때문이다. 특히 행동을 이끄는 동인으로서 감정의 역할은 매우 중요하다. 판단에 미치는 감정의 역할에 대한 연구에서 선도적인 역할을 한 사람은 흄(D. Hume)이다. 흄은 인간의 감정이 판단을 흐리고 왜곡시킨다는 이유로 감정을 철저히 배격한 합리주의자들에 맞서 감정이 없다면 이성도 없다는 매우 극단적인 주장까지 하였다. 특히 흄은 이성만으로는 의지를 가지고 어떤 행위를 하기 위한 동기로 삼을 수 없다는 점과 이성은 감정과 반대되는 방향으로 의지를 발동시킬 수 없다는 점에서 감정의 중요성을 강조한다. "이성은 정념의 노예이며, 또 노예여야 한다."고 주장함으로써 그것이 단순히 사실의 문제가 아니라 당위의 문제라고 생각한다.[123] 다시 말해서 흄은 감정을 고려할 수밖에 없다는 수동적 자세가 아니라 감정을 고려해야 한다는 매우 적극적인 자세를 취하는 것이다.

다마지오(A. Damasio)의 연구는 감정의 역할에 경험적인 증거를 제시한다. 감정을 느끼는 뇌의 부분이 손상된 환자는 계획을 세우지도 못하고 결정이나 선택을 내리지도 못한다는 것이다.[124] 립맨 역시 데카르트를 비롯한 합리론자들이 명료성과 명확성을 진리의 기준

---

123) T. Sprod, 앞의 책, p.55에서 재인용.
124) 위의 책, P.63.

으로 당연시하면서 감정을 인간의 생각과 판단을 왜곡시키거나 모호하게 하거나 왜곡시키는 것으로 전락시켰다고 비판한다.[125] 그러면서 최근 감정에 대한 긍정적인 역할에 주목한 연구들에 대해서 긍정적인 평가를 내린다.

합당성과 관련하여 립맨은 감정을 크게 두 가지 입장에서 생각하고 있다. 하나는 내용으로서의 감정이고 다른 하나는 사고기능에 관여하는 절차로서의 감정이다. 우선 내용으로서의 감정에 대해서 립맨은 다소 제한적인 개념을 가지고 있다. 그는 감정의 긍정적인 측면에 대해서 주로 언급한다. 특히 그는 다마지오의 느낌(feeling)과 감정(emotion)에 대한 구별에 주목한다. 다마지오에 의하면 감정이 인간과 환경과의 생태학적 관계(고소공포증이나 일에 대한 두려움 같은)에 의한 것인 반면 느낌은 유기체 내의 상태(무릎관절의 아픔이나 어깨 결림)라고 구별한다.[126] 그러므로 느낌은 조절이 쉽지 않은 반면 감정은 조절이 가능하다. 그러므로 립맨에게 감정은 그 자체로 가치가 있다기보다는 적절하게 조절되었을 때 가치가 있다. 합당한 감정을 갖는 것, 그리고 그것을 합당한 방식으로 표현하는 것이 중요하다는 의미다. 이런 맥락에서 립맨은 감정과 감정의 표현을 단순한 심리적 결과가 아니라 하나의 판단으로 본다.[127] 예를 들어서 적절한

---


125) M. Lipman, 박진환 외 역, 『고차적 사고력 교육』, 인간사랑, 2005, p.174.
126) 위의 책, p.174.
127) 누스바움(M. Nussbaum) 역시 적극적으로 감정을 판단의 한 형태라고 본다. 그녀에 의하면 "감정은 일종의 생각이다. 다른 생각과 마찬가지로 그것은 틀릴 수 있다. 아리스토텔레스와 루소조차 부나 명성에 대

재판의 과정 없이 수많은 사람들을 가두어 놓고 인간의 기본적인 권리들을 무참하게 짓밟는 미국의 관타나모 수용소를 보면서 분노를 느끼고 그것을 표현하는 것은 하나의 판단이다. 왜냐하면 이러한 분노는 관타나모 수용소를 원인으로 해서 생긴 단순한 심리적인 결과라기보다는 관타나모 수용소가 부적절하다는 인식을 근거로 하고 있기 때문이다. 원인에 대한 단순한 수동적인 결과로서 가지게 된 심리적 분노가 아니다. 판단이 게재된 인지적·행동적 분노이다.

따라서 이러한 감정이 적절한가는 매우 중요한 문제이다. 이런 감정들에 의해서 우리의 생각이나 행동이 결정되는 경우가 많기 때문이다. 립맨은 감정적 합당성 여부가 주로 맥락을 고려한 실천적 합당성과 비판적인 측면의 합당성에 의해 결정된다고 보고 있다. 감정이나 표현이 맥락에 맞는 것인가 하는 점과 감정의 종류나 표현방식의 이유가 적절했는가 하는 두 가지 점에서 감정의 합당성은 획득될 수 있다는 것이다.[128] 립맨은 감정적 합당성이 도덕교육의 중요한 부분이 되어야 한다고 주장하면서 특히 부모의 양육을 중시하였다. 왜냐하면 감정의 적절성에 대한 감각은 구체적인 맥락에서 허용되는 감정과 표현방식을 표준으로 해서 어릴 때 주로 형성되기 때문이다.

내용으로서의 감정이 판단의 결과라면 절차로서의 감정은 판단의 과정에 게재한다. 예를 들면 비판적 측면에서 기준이 비교와 구별을 가능하게 하듯이 감정도 비교와 구별을 가능하게 한다. 이런 점을

---

한 과도한 집착과 같이 잘못된 감정이 있다는 점을 강조했다." (위의 책, pp.341-342에서 재인용)
128) 위의 책, p.179.

설명하기 위해서 립맨은 엘진(C. Elgin)의 아이디어를 인용하고 있다. 엘진은 감정이 판단의 과정에서 다음과 같은 네 가지의 절차적인 기능을 수행한다고 하였다.

① 초점 맞추기(focusing)
감정은 우리들이 일정한 대상에 초점을 맞추도록 돕는다. 우리가 주목할 것을 결정하게 해 준다.
② 준거 틀을 형성하기(framing)
감정은 대상을 바라보고 이해하고 일정한 태도와 행동을 하게 만드는 일정한 틀을 제공한다.
③ 내면화시켜 주기(embedding)
감정은 어떤 대상이나 생각을 우리의 마음속에 깊이 새겨 주면서 하나의 신념이 되도록 돕는다.
④강조해 주기(emphasizing)
감정은 대상을 돋보이게 하고 두드러져 보이게 하면서 우리의 주의를 환기시키고 관심의 방향을 조절해 준다.[129]

감정이 우리로 하여금 감정이 주는 관심에 초점을 맞추게 함으로써 감각적인 분별력을 보다 치밀하게 해 주고 그것을 내면화시키고 신념화하게 하면서 판단에 영향을 미친다는 것이다. 뿐만 아니라 나의 다양한 관심들, 그리고 다른 사람들의 관심은 물론 다른 관점들에도 주의를 기울이게 함으로써 그것들 사이의 균형에 대한 고민과

---

129) 위의 책, p.175.

감각을 가지게 해 준다.[130] 결국 감정은 민감성의 패턴과 방향과 정도, 그리고 균형감을 준다고 볼 수 있다. 립맨은 이런 점에서 감정이 중요한 인식적 역할을 수행한다고 하였다.[131]

립맨은 감정이 판단의 과정에 미치는 영향을 보다 적극적으로 배려적 사고(caring thinking)라는 개념으로 표현한다.

나는 배려함이 단순히 사고의 원인이 아니라 사고의 한 형태이거나 한 차원이거나 혹은 한 측면일 수도 있다는 점을 강조한다. 그러므로 배려함이 대안을 찾고 관계를 발견하거나 만들어 내며 나아가 관계들 사이의 관계를 만들어 나가고 차이를 알아차리는 것과 같은 인지적 작용을 수행할 때 그것은 일종의 사고인 셈이다.[132]

립맨은 판단에 미치는 배려적 측면을 정서, 행동, 감정이입, 가치부

---

130) 특히 립맨은 관심을 중시한다. 이런 점에서 감정에 대한 립맨의 생각은 감정이 우리들에게 어떤 관심을 불러일으키기 때문이라고 생각해도 무방하다. 립맨이 감정의 인식론적 역할을 사고의 한 측면으로 자리매김하면서 그것을 감정적 사고라고 하지 않고 배려적 사고라고 한 점에서도 이와 같은 립맨의 생각을 추리할 수 있다. 배려는 영어의 'care'를 번역한 것으로써 '관심'과 다르지 않다. 이런 이유로 논자는 립맨의 저서를 번역하는 과정에서 갈등을 하였다. 왜냐하면 우리말의 '배려'라는 말의 의미와 영어의 care의 의미 사이에는 차이가 많기 때문이다. 그러므로 배려라는 말은 관심이라는 말을 함의하고 있는 것이며, 어떤 맥락에서는 관심으로 보는 것이 더 정확할 수도 있다.

131) 이런 점에서 감정은 신념을 형성하는 데 결정적인 역할을 수행하면서 태도까지 형성해 준다. 특히 어떤 주장이나 신념을 어떻게 받아들일 것인가 하는 태도를 결정한다. 엘진은 이를 명제적 태도(propositional attitude)라고 하였다. 우리의 판단은 이러한 명제적 태도에 따라 판단의 틀과 방향성과 균형감을 가진다(위의 책, p.175.).

132) 위의 책, p.339.

여, 규범의 다섯 가지 특징으로 나누어 설명한다. 우선 립맨은 정서나 행동도 하나의 판단이라고 생각한다. 그는 사고와 감정과 행동을 분리해서 생각하지 않는다. 낱말로 이루어진 언어가 있듯이 감정이나 행동으로 이루어진 언어가 있다고 하였다. 화를 내거나 문을 발로 차는 행위 등도 일종의 판단이라는 것이다. 립맨은 "사고의 결과가 최소한의 판단이라면 그것을 실천으로 옮기는 것은 최대한의 판단"이라고 말하였다.133) 나아가 립맨은 행동적 사고(active thinking)라는 표현을 쓰면서 생각과 감정과 행동이 연결되어 있다고 설명한다. 사람은 감정에 의해 관심을 가지게 된 대상을 돌보고 보존하고자 애쓴다. 감정이 생각을 일정한 방향으로 불러일으키고 조절할 뿐 아니라 행동이 되게 한다는 것이다. 감정이입이란 다른 사람의 입장에서 생각해 보는 것이다. 립맨은 이에 대해서 우리 자신의 감정과 관점으로부터 몇 걸음 뒤로 물러나서 다른 사람의 감정과 관점을 상상해 보는 것이라고 하였다. 그렇게 하면 맥락을 좀 더 객관적으로 바라보고 해석할 수 있다. 존슨(M. Johnson)은 감정이입적인 상상은 우리가 서로 공유하는 세계에서 살 수 있도록, 그래서 서로의 몸짓과 행동과 지각과 경험과 의미와 상징과 이야기들을 나눌 수 있게 해 주는 매우 중요한 행위라고 하였다.134)

　여기서 특히 중요한 것은 립맨이 배려적 측면을 감정의 문제로만 생각하지 않는다는 점이다. 가치의 문제를 덧붙이면서 매우 중시한다. 물론 감정적 합당성은 그것 자체로도 중요하지만 감정이 일정한 관심을 갖게 하고 그 관심이 가치를 부여하고 그 가치부여에 따라 규범적

---

133) 위의 책, p.274.
134) 위의 책, pp.345-346.


126

인 판단을 하게 된다는 면에서 가치는 좀 더 강조될 필요가 있다. 립맨이 배려적 사고를 "가치로 생각하는 것"이라고 한 말은 이런 의미로 해석할 수 있다. 왜냐하면 판단의 과정에 게재하는 감정의 핵심은 관심이며 이 관심은 주로 가치부여로 나타나기 때문이다.

결국 실천적인 맥락에서 합당한 판단을 한다는 것은 단지 합당한 사고만을 의미하지 않는다. 합당한 감정을 갖고 합당한 결정이나 선택을 내리며 그에 따라 합당한 행동을 취하는 모두를 의미한다. 이러한 합당성은 비판적이고 창의적이고 배려적인 측면이 골고루 갖춰져야 획득될 수 있다. 합리적이고 비판적인 측면만으로 합당성을 이룰 수는 없다. 반대로 비판적 측면의 감시나 반성 없이 합당성을 이룰 수는 없다. 창의적인 측면도 배려적인 측면도 마찬가지이다. 의심이나 도전, 발견이나 발명 없이 무수히 많은 실천적 맥락의 고유성을 제대로 고려할 수는 없다. 인간이 게재된 문제, 그것도 도덕적인 문제에서 인간의 감정과 가치의 문제를 도외시할 수는 없으며 다른 사람의 입장과 다양한 관점에 대한 고려 없이 적절한 판단을 내릴 수는 없다. 기준이 있지만 그 기준에 메이지 않아야 하며 그 적용에 있어서 배려가 있어야 한다. 어떤 한 측면이 없이 합당성을 이룰 수는 없다. 탐구과정 혹은 숙고의 과정 속에서 세 측면이 역동적으로 함께 기능한다. 타가드의 다중적 정합이 병렬분산처리방식에 의해서 처리되듯이 이 세 가지 측면이 주는 다양한 고려사항들과 기준과 원리들이 병렬적으로 관련지어지고 상호작용하면서 합당함이라는 감각을 찾아 나간다. 물론 그 비율은 문제의 맥락에 따라서 좀 더 적극적인 역할을 하는 것과 그렇지 않은 것들로 나뉠 수 있다. 결국 합당성이란 비판적이고 창의적이고 배려적인 측면이 골고루 고려되어야 하는 다측면성을 갖는다.


## 3) 공동체성

합당성은 주로 실천적 판단을 전제로 한 개념이다. 또한 인간의 판단을 구성하는 세 가지의 측면, 즉 비판적, 창의적, 배려적 측면이 고루 고려되는 다측면성을 가진다. 이러한 과정에서 우리들의 판단은 실천의 진정성을 얻기 위해서 구체적인 맥락의 개별성을 중시한다. 또한 비판적 측면을 통해 객관성을 확보하며, 배려적 측면을 통해 개별성과 보편성을 동시에 획득한다. 창의적 측면은 새로운 문제의식과 그에 대한 해결을 가능하게 해 줌으로써 문제의 진화에 따른 판단의 진화를 확보해 준다. 이와 같은 합당성의 여러 특징들은 합당성이 가진 기준이면서 동시에 합당성을 획득하는 도구들이다. 그러므로 이것은 우리가 따라야 할 탐구의 과정을 제공해 준다. 어떻게 판단해야 하는지에 대한 도구와 기준과 절차를 제공하는 것이다. 이전의 판단 이론들이 갖지 못한 구체성이라고 볼 수 있다.

하지만 위의 특징들은 대부분 개인적인 탐구의 차원에서 이루어질 수 있다. 따라서 개인적 한계에 갇힐 위험이 있다. 물론 비판적 측면이나 배려적 측면이 우리들의 판단이 이기적이거나 편파적이지 않도록 균형의 감각을 주겠지만 그것 역시 개인적인 한계 안에 있는 것이다. 경험의 한계, 인식의 한계 같은 것들이 존재한다. 오류가능성이 클 수 있다. 그러므로 혼자서 아무리 다양한 장치를 사용해서 합당성을 확보한다고 해도 그것은 한계가 있을 수 있다. 그러므로 판단은 공동체 속에서 함께 탐구될 때 좀 더 합당해진다. 합당성은 공동체적인 특징을 가져야 좀 더 합당해지는 것이다.

이런 점에서 립맨은 공동체적인 접근을 중시하였다. 특히 대화나 토론을 매우 중시한다. 구성원들은 공동체 안에서 이루어지는 대화나 토론을 통해서 탐구에 필요한 지식과 경험들은 물론 다양한 질의 비판적·창의적·배려적 측면의 도구들을 공유하게 된다. 공동체 구성원들이 가진 정보를 바탕으로 공동체 구성원들이 보유하고 있는 판단도구를 활용해서 공동체적 판단을 얻는 것이다.


이러한 합당성의 공동체적 특징은 하버마스(J. Habermas)의 의사소통적 합리성과도 긴밀하게 연결된다. 하버마스는 그간의 합리성에 대한 이해가 지나치게 목적 합리성에 치우쳐서 인간의 이성을 도구적인 것으로 한정지음으로써 이성이나 합리성에 대한 개념을 지나치게 협소화시켰다고 비판하였다. 따라서 그는 합리성 개념이 좀 더 포괄적으로 확장되어야 할 필요를 강조하면서 명제적 지식을 다루는 인식적 합리성 이외에도 도덕적 합리성과 미학적 합리성을 첨가하였다. 그리고 이 세 가지 합리성이 균형과 조화를 이루는 좀 더 포괄적인 합리성으로서 의사소통적 합리성 이론을 개진하였다.[135] 그의 이론의 핵심은 사람들은 의사소통이라는 행위를 통해서 다른 사람들

---

135) 이에 대한 자세한 논의는 다음을 참조(선우현, "하버마스의 합리성이론에 대한 비판적 검토", 『철학논고』, 서울대학교 철학과, 1994).

과 정보나 경험을 교환하고 탐구를 통해 의미를 명백히 하면서 사실이나 가치에 대한 공동의 이해에 도달한다는 것이다. 이러한 의사소통 행위를 통해 사람들은 목적 합리성에 도달할 수 있을 뿐 아니라 그것이 가진 한계를 극복할 수 있는 상호주관적 이해에 도달할 수 있게 된다고 하였다. 스프로드(T. Sprod)는 이를 "해석학적 탐구 서클"로 비유하고 있다. 그 이유는 "참여자들은 서로의 의견을 이해하기 위해서 다른 사람들과 함께 지평을 병합하려 시도한다. 그러한 탐구는 참여자들의 그 공동체로의 병합(사회화)을 초래하고 공동의 이해를 위한 일종의 유연성(변화와 혁신)을 낳을 수 있는, 현실과 사회에 대한 공유된 상호주관적 이해를 초래"하기 때문이다.[136] 따라서 하버마스의 의사소통적 합리성은 실천적 측면에서의 적절함을 위해 기존의 이성적·도구적 합리성이 극복되어야 하며 그 방법으로서 다른 사람들과의 의사소통을 중시하였다는 점에서 립맨의 합당성 개념과 유사성이 있다. 또한 립맨의 합당성이 가지는 공동체적 특징은 비고츠키의 사회적 구성주의와도 밀접한 관련을 가지고 있다. 특히 립맨은 타인과의 대화가 내면의 대화가 되면서 개인의 사고력이 발달되고 판단력이 향상된다는 비고츠키의 의사소통에 대한 강조에 많은 영향을 받고 있다.

물론 공동체적 판단이 항상 합의를 의미하는 것은 아니다. 그것은 합의에 이를 수도 있고 이르지 못할 수도 있다. 합의에 이르는 것이 최선이지만 항상 그럴 수는 없다. 하지만 합의에 이르지 못했다 하

---

136) T. Sprod, 앞의 책, p.138.

더라도 난감해할 필요는 없다. 왜냐하면 공동체적 탐구나 숙고의 과정 속에서 내가 가진 오류가 드러나기도 하고 내가 생각지 못한 정보나 내가 가지지 못한 다측면적인 도구들의 섬세함이 드러나기도 한다. 그러한 것들이 나의 최종적인 판단을 좀 더 적절하게 이끌게 될 것이다. 나의 개별적 판단이 공동체적 합당성을 확보하게 되는 것이다.

> 탐구의 결론은 시간이 흘러 탐구가 진전된 후에야 알 수 있다. 그러나 이것과 상관없이 결과물은 주어진 토론 시간에 필연적으로 만들어지기 마련이다. 왜냐하면 그 결과물이 단정적인 결론의 형태를 취할 필요는 없기 때문이다. 그것은 가능한 견해들이거나, 문제에 대한 정의 혹은 평가적인 인식의 성장일 수도 있다. 확답이라기보다는 드러내는 것이다. 학생들에게 최종적인 답이 주어지지 않더라도, 지적인 움직임에 대한 어떤 감각 혹은 인식에 대한 어떤 느낌은 있을 것이다.137)

콜버그의 정의공동체 역시 공동체를 강조한 이론이다. 그런데 그의 이론은 공동체를 강조한 듯이 보이지만 자유에 기반을 둔 이론으로 개인적인 판단의 질을 높이는 의미에서 공동체를 강조하는 것이지 공동체 자체를 중요시한 것은 아니라는 비판을 받고 있다. 목적-수단의 관계가 잘못되었다는 것이다. 이러한 비판은 공동체적 합당성에도 똑같이 가해질 수 있다. 하지만 이 비판은 별로 설득력이 없다. 왜냐하면 개인적인 판단의 질을 높이는 과정에서 공동체적 접근을 중시한

---

137) M. Lipman, 박진환 외 역, 『고차적 사고력 교육』, 인간사랑, 2005, p.122 에서 재인용.

다는 것 자체가 개인의 판단에 미치는 공동체의 영향력을 사실적 측면에서든 당위적 측면에서든 중시하는 것이기 때문이다. 과정적인 측면에서 보면 개인의 판단에 공동체가 관여한다는 의미는 그 결과가 단순히 개인의 판단이 아니라 공동체적 판단이라는 의미를 함축하고 있으며, 결과적인 측면에서 보면 개인의 판단력 강화는 역으로 공동체에 기여하기 때문이다. 공동체에서의 논의를 거쳐 자율적 판단력을 향상시켰다면 그것은 단순한 개인적 자율성이 아니라 공동체적·사회적 자율성에 기반을 둔 공동체적·사회적 판단의 가치를 지닌다. 그러므로 자율의 개념을 공동체로부터 떼어 내어 순수하게 개인적으로 것으로 치부할 필요는 없다. 어떤 개인도 진공의 상태로 존재할 수는 없기 때문이다. 그러므로 개인과 공동체를 굳이 따로 떼어 생각할 필요는 없다. 그것은 동전의 양면보다도 더 밀접한 상호역동성을 지녔다. 듀이의 말처럼 인간은 유기체-환경 시스템 안에서 그것에 의해 살고 있기 때문이다. 특히 개인의 판단을 중시하는 민주적 공동체에서는 더욱 그렇다. 민주 시민으로서의 개인과 민주적 공동체는 뗄 수 없는 관계이기 때문이다. 결국 개별적인 판단이 공동체적 합당성을 가져야 한다는 의미는 공동체 자체의 합당성을 획득하는 길이기도 하다. 공동체적 합당성에 대한 립맨의 강조는 그의 방법론을 필연적으로 탐구공동체가 되도록 이끌었다. 이에 대해서는 뒤의 철학적 탐구공동체에서 좀 더 자세히 다루고자 한다.

# 4) 규제적 이상성

  립맨에게 있어서 합당성은 판단의 목표이면서 판단의 기준이다. 모든 실천적인 맥락에서 판단의 과정은 합당성을 이상적 목표로 해서 합당성의 규제를 받는다. 즉 합당성을 모든 판단이 가져야 할 규제적 이상(regulative idea)으로 보는 것이다.[138] 판단에 대해서 립맨은 매우 포괄적인 개념을 가지고 있다. 참과 거짓과 같은 진리에 대한 판단도 있으며, 개념이나 의미에 대한 판단도 있다. 진리에 대한 판단은 주로 추론을 통해 얻어지지만 의미에 대한 판단은 해석이나 번역을 포함한다. 그런데 그것이 어떤 것이든 판단은 관계들을 조직하는 것이다. 추론은 근거와 결론과의 관계이며 해석이나 번역은 어떤 의미와 다른 의미와의 관계이기 때문이다. 립맨은 판단을 "차이와 유사, 동일성, 인과, 상호의존성 등과 같은 관계들의 표현"으로 아주 포괄적인 개념으로 보고 있다.[139] 이런 점에서 판단은 진리의 구조는 물론 의미의 구조를 세우는 일을 포함한다. 따라서 어떤 것을 깊이 있고 체계적으로 이해하기 위해서는 판단이 꼭 필요하다. 왜냐하면 이해는 관계의 구조를 파악하는 것인데 그 구조를 만들어 주는 것이 판단이기 때문이다.[140] 역으로 판단을 잘 하기 위해서는

---

138) 여기서 '규제적 이상'이라함은 칸트의 규제적 원리로 이해할 수 있다. 칸트의 규제적 원리란 목적에 맞도록 스스로 인식의 한계를 정하고 구성적 원리를 발견하여 규제하는 원리를 말하는데 이런 맥락에서 규제적 이상은 바로 스스로 조절하고 통제하는 이상적 목표이다.

139) M., Lipman, 박진환 외 역, 『고차적 사고력 교육』, 인간사랑, 2005, p.360.

140) 위의 책, p.43.

깊이 있고 체계적인 이해가 필수적이다. 왜냐하면 이해된 내용들이 있어야 관계를 세울 대상이 생기며 그를 통해 합당한 판단을 할 수 있기 때문이다.[141] 이런 맥락에서 립맨은 모든 사고의 결과는 판단이라고 하였다.[142] 뿐만 아니라 감정과 행동도 판단이라고 하였다. 왜냐하면 감정이나 행동도 사고와 감정과 행동들 상호 간의 관계 속에서 생긴 결과물이기 때문이다.

이렇게 볼 때 우리가 세상과 삶, 그 안의 사람들을 이해하고 그 속에서 벌어지는 다양한 문제들을 해결하는 데 있어서 판단은 매우 중요하다. 세상과 삶과 사람을 이해하는 방식이나 대하는 방식도 판단이며, 문제를 해결하는 방식도 판단이라는 의미이기 때문이다. 그렇다면 판단은 단순히 판단이 아니라 내가 누구인지를 보여 준다. 내가 어떻게 세상을 바라보고 해석하는지를 보여 준다. 순간순간의 인지적·감정적·행동적 판단들이 실행되고 누적되면서 '나'라는 인격을 형성해 가는 것이고, 다시 판단은 그런 '나'를 바탕으로 일어나면서 나의 인격을 드러내게 될 것이기 때문이다. 이런 점에서 립맨은 판단을 인격의 표현이라고 하였다.[143] 그런데 우리들 삶의 질은 대개 이 인격에 의해서 좌우되는 경우가 많다. 판단이 인격의 표현이

---

141) 이런 면에서 이해된 것으로서의 지식이나 신념 혹은 표준과 그것을 조직하는 원리 혹은 법칙은 판단에 모두 필수적이다. 내용 없이 조직할 수는 없으며, 조직 없이 내용은 무용할 수 있기 때문이다.

142) 물론 기계적인 기억이나 이해는 제외한다.

143) 립맨은 자신의 생각을 좀 더 설득력 있게 하기 위해서 인간을 누적적인 존재로 설명하고 있다. 즉 그것이 긍정적인 판단이든 부정적인 판단이든 아니면 중요한 것이든 사소한 것이든 특정한 인간이 한 모든 판단들은 그의 내부에 누적되면서 '그'를 형성한다는 것이다(위의 책, p.373.).

고 인격에 따라서 삶의 질이 결정된다면 결국 삶의 질을 결정하는 것은 판단이다. 판단을 어떻게 하느냐에 따라서 삶의 질이 달라지는 것이다.144) 이 말은 좀 더 양질의 삶을 살기 위해서는 양질의 판단, 즉 합당한 판단을 해야 한다는 의미이다. 이런 점에서 립맨은 합당한 판단의 목적은 그 자체에 있는 것이 아니라 보다 나은 삶의 질에 있다고 하였다. 아리스토텔레스가 행복을 인간이 추구해야 할 궁극적인 목적으로 둔 것과 다르지 않다.

인간의 삶은 대개 개인적인 차원과 공동체적인 차원에서 일어난다.145) 따라서 개인적 차원의 판단이 있듯이 공동체적 차원의 판단이 있으며, 공동체 판단 역시 합당성을 규제적 이상으로 한다. 립맨은 특히 공동체 판단이 합당성을 가지기 위해서는 공동체의 구조(정책, 원칙, 절차의 네트워크)가 합당해야 한다고 하면서 가장 이상적인 모델로서 민주주의를 꼽고 있다.146) 결국 립맨이 그리고자 한 세상은 합당한 개인들로 이루어진 합당한 공동체로서의 민주적인 세상이다. 개인과 공동체가 모두 실천적 문제에 있어서 맥락과 주체성을 중시하고 비판적이고 창의적이고 배려적인 고려를 통해서 좀 더 합당한 판단력을 가지기를 원한 것이다.

그렇다면 이런 청사진을 위해서 꼭 필요한 것은 교육의 힘이다.

---

144) R. Paul 외, 박진환 외 역, 『생각의 기술 논술의 기술: 분석적 사고』, 호텍, 2006, p.10.
145) 물론 이 둘을 분리해서 생각할 수는 없다. 상호작용이 너무나 긴밀하기 때문이다. 하지만 논의상 분리해서 생각해 보는 것이 이해를 도울 수 있다.
146) 각각의 판단을 만들어 내는 원천이면서 동시에 판단의 결과이다.

듀이가 적절한 교육 없이 민주주의가 보장될 수는 없다고 했듯이[147] 개인의 합당성이나 공동체의 합당성이 교육 없이 저절로 이루어질 수는 없기 때문이다. 립맨이 30여 년 전 IAPC를 건립하여 교육 프로그램과 교재를 계발하고 현재까지 교사연수를 진행하는 등 실천적인 노력을 경주하고 있는 것도 이러한 맥락에서 이해할 수 있다. 교육을 통해 합당한 개인과 공동체를 이루고자 하는 것이다. 그런데 만약 교육을 통해 개인과 공동체의 합당성을 얻고자 한다면 교육 역시 합당하게 이루어져야 한다. 무엇보다도 교육은 실천적 영역이라는 점에서 더욱 그렇다. 따라서 교육의 규제적 이상 역시 합당성이어야 한다. 교육이 아이들의 성장과 발전의 목표로서 합당성을 받아들이지 않으면서 아이들을 합당한 개인으로 성장시킬 수는 없다. 합당한 개인이 없이 합당한 공동체를 구성할 수는 없다. 물론 니버(R. Niebuhr)의 말대로 개인의 덕이 모인다고 해서 사회의 덕이 되지는 않지만 적어도 공동체 구성원들의 자질은 공동체의 질을 결정하는 필수적인 요인이다. 그러므로 교육은 현대 사회의 맥락에 대한 이해를 바탕으로 아이들의 흥미와 아이들의 관심이 고려되고 아이들의 주체성이 인정되어야 하며 합당한 판단력을 키우기 위한 도구와 절차들이 안내되고 연습되도록 기획되고 실행되어야 한다. 이런 맥락에서 립맨은 현재 실시되고 있는 교육에 대해서 관행적인 패러다임(standard paradigm)이라는 이름으로 신랄하게 비판한다. 현재의 교육 과정은 정초주의적인 관점에서 지식을 전수하는 것으로 경도되어 있으면서 아이들의 삶에 진정한 의미가 되지 못한다는 것이다. 그는

---

147) M., Lipman, 박진환 외 역, 『고차적 사고력 교육』, 인간사랑, 2005, p.60.

대안으로서 반성적인 패러다임(reflective paradigm)을 제안하고 있다. 그가 제안한 반성적 프로그램의 핵심은 아이들의 탐구력과 숙고력을 강화시켜서 합당한 판단을 키워 나가는 것으로 그를 위해서는 현재의 교육관을 비롯하여 지식관과 교사관, 아동관 등이 모두 바뀌어야 한다고 주장한다.148)

지금까지의 논의를 종합해 보면 립맨의 합당성 개념은 실천성과 다측면성, 공동체성과 규제적 이상성을 그 특징으로 한다. 매우 다차원적인 개념으로 명료한 개념정의가 쉽지 않다. 한두 가지의 단일한 기준이나 원리로는 실천적 맥락에서의 적절성을 확보하지 못하기 때문이다. 그러나 위의 네 가지 특성을 중심으로 정리해 보면 립맨의 합당성 개념은 "실천적 맥락에서 판단이 가져야 할 규제적 이상으로서 다측면성과 공동체성을 통해 맥락의 특수성과 판단의 객관성을 동시에 포괄하는 반성적 균형의 상태"라고 볼 수 있다. 따라서 인식론적 측면에서 립맨의 합당성 개념은 정초주의와 반정초주의의 사이에 있다. 그러므로 립맨의 합당성 개념 역시 아리스토텔레스의 실천적 지혜와 중용의 개념, 롤즈의 합당성과 반성적 균형, 타가드의 다중 정합성과 같이 맥락적 객관주의의 입장을 지닌다고 볼 수 있다. 맥락의 특수성에 주목하면서도 '맥락-독립적'인 토대를 만들어 보고자 한 것이다.149) 하지만 립맨은 다른 사람들에 비해서 합당성의 개념에 좀 더 집중하고 중시한다고 볼 수 있다. 왜냐하면 합당성을

---

148) 위의 책, pp.38-39.
149) 박재주, "도덕적 상상을 기르는 도덕교육", 『초등도덕과교육』제11집, 초등도덕과교육학회, 2006. p.7

판단의 규제적 이상으로 제안하면서 판단의 질을 결정하는 개인과 공동체의 규제적 이상으로 그리고 그를 위한 교육의 규제적 이상으로 부각시키고 있기 때문이다. 그리고 합당성의 특징과 요소들에 대해서 좀 더 세밀하게 제시하고 있기 때문이다.

# 2. 합당성 구현을 위한 철학적 탐구공동체

실천적 판단의 규제적 이상으로서 다차원적 특징을 가진 립맨의 합당성 개념은 어떻게 구현될 수 있는가. 이에 대해서 립맨은 철학적 탐구공동체를 제안하고 있다. 특히 교육을 통해 합당성을 획득하기 위해서는 교실이 철학적 탐구공동체의 장이 되어야 한다고 역설하고 있다. 합당성은 철학적 탐구공동체 안에서 가장 적절하게 구현될 수 있다는 것이다. 이 말은 합당성과 철학적 탐구공동체가 그 본질에 있어서 긴밀한 관련을 가지고 있다는 것을 의미한다. 그러므로 이 장에서는 둘 사이의 유대를 밝혀 보고 그를 토대로 철학적 탐구공동체가 갖는 교육적 의미를 살펴보고자 한다.

# 1) 합당성과 철학적 탐구공동체

철학적 탐구공동체는 퍼어스의 탐구공동체 아이디어를 바탕으로 하고 있다. 퍼어스는 과학자 집단이 논거의 정당성, 강력한 증거 등을 준거로 해서 비판과 토론을 통해 과학의 발전을 가져온 점에 착안하여 이를 탐구공동체라고 불렀다. 립맨은 탐구공동체에 철학이라는 개념을 덧붙여서 철학적 탐구공동체를 창안하였다.[150] 철학적 탐구공동체는 철학과 탐구와 공동체라는 세 개념이 합쳐진 말이다. 철학을 바탕으로 공동체에서 함께 탐구한다는 것이다. 물론 이 세 개념을 따로 떼어 놓을 수는 없지만 각각의 개념과의 관련성을 분석적으로 검토해 보는 것은 합당성과 철학적 탐구공동체의 관련성을 보다 깊이 있게 이해하는 데 도움이 될 것이다.

## (1) 합당성과 '철학'

철학을 정의한다는 것은 쉬운 일이 아니다. 학문의 세계에서 가장 오랜 역사를 지니고 있으며 인간의 사유와 관계된 방대한 영역에 걸쳐 있기 때문이다. 샵(A. Sharp)은 철학자들조차도 철학을 정의하는 일을 주저하였다고 하였다. 그러나 그 어원으로부터 철학이 지혜에 대한 사랑이며 그를 위해서 끊임없는 질문과 음미와 반성을 거듭한다는 점에 대해서는 대체로 동의를 하고 있다. 사전적 정의에 의

---

150) S. Yule, 외,, *Classroom Dialogue and the Teaching of Thinking*, University of Melbourne,1994, p.1.

하면 철학은 세상과 삶에 대한 본질이나 궁극적인 원리를 추구하는 학문이다. 그 하위 학문으로 실재를 묻는 형이상학, 앎이 무엇인지를 묻는 인식론, 선을 묻는 윤리학, 아름다움을 묻는 미학, 사유의 절차를 묻는 논리학이 있다.[151]

보통 철학에 대한 인식은 난해한 학문이라는 것이다. 그래서 대학 이상에서 배울 수 있는 지극히 이론적이고 학문적인 것으로 취급되었다. 하지만 립맨은 철학을 일상적인 삶의 문제로 생각했다. 철학을 난해한 학문으로서가 아니라 '철학함'이라고 하는 동사의 개념으로 받아들였다. 철학을 극소수의 학문적인 전유물이 아니라 인간의 사유 활동 전반으로서 세상과 인생의 근본적인 의미를 끊임없이 탐구해 가는 활동으로 간주한 것이다. 지혜에 대한 사랑이라는 어원에 비추어 볼 때 립맨의 이런 생각은 설득력이 있다. 특히 립맨이 합당성을 구현하는 데 있어서 철학적 접근을 중시한 이유는 다음과 같다.

첫째, 철학은 경이로움에서 출발한다. 신기함, 놀라움 같은 것들을 보고 의아해하고 질문을 제기하면서 본질이나 의미에 대한 갈구가 시작된다.[152] 그런데 합당함의 출발 역시 불균형에서 출발한다. 뭔가 어색하고 서로 맞지 않아서 문제가 있을 때 그것의 균형을 잡는 것이 합당함이다. 만약 질문을 제기할 필요가 없다면 합당성은 그리 중요하지 않다. 왜냐하면 정답이 있고 그 정답만으로도 충분하다는 의미이기 때문이다. 또한 질문을 제기한다는 것은 대상에 열려 있다

---

151) M. Lipman, Deciding *What To Do —Instructional Manual to Accomany Nous*, IAPC Montclair State University, 1996, p.41.; M. Lipman 외, *Philosophy in the Classroom*, Philadelphia: Temple University Press, 1981, pp.15-20. 참조
152) M. Lipman 외, 위의 책, pp.31-32.

는 것을 의미한다. 대상을 확정적인 것으로 보지 않고 변하는 것으로 보면서 그 변화에 민감한 것이다. 그러므로 질문의 제기가 없이 합당성은 그 본질에 맞게 변화하거나 진화하지 못할 것이다.

둘째, 철학은 본질적인 의미를 알고자 욕구한다.[153] 끊임없이 질문하고 그 질문에 대한 답을 구하고자 노력한다. 그리스 초기에는 세상의 본질을 알고 싶어 하였으며, 소크라테스 이후에는 인간 자신에 대해 알고 싶어 했다. 인간은 이러한 앎에의 욕구를 멈춰 본 적이 없다. 신에 대해서 세상의 법칙에 대해서 그리고 지금은 인간의 생각에 대해서까지 알고자 한다. 합당성이 합리성과 달리 단순히 진리나 지식, 원리들을 알고자 하는 것이 아니라 의미를 얻고자 한다는 점에서 철학의 의미 추구는 합당성의 본질과 공통된다. 더구나 철학이 가지고 있는 끊임없는 앎에의 욕구는 계속적인 탐구와 숙고를 필요로 하는데 그것은 합당성을 찾는 기본적인 방법이기도 하다. 철학이 그렇듯 합당성 역시 끊임없는 탐구와 숙고가 없이는 이룰 수 없기 때문이다.

셋째, 철학의 주제는 논쟁적이라는 점이다. 철학은 과학적 참에 대한 문제가 아니라 주로 형이상학적, 미학적, 윤리학적, 인식론적 주제들을 다룬다. 그런데 인간이 무엇인지, 삶이 무엇인지, 아름다움은 무엇인지, 옳은 것은 무엇인지, 안다는 것은 무엇인지와 같은 각각의 질문들은 딱히 하나의 절대적인 정답을 기대하기 힘든 질문들이다. 누군가 정답이라고 내놓기가 무섭게 누군가가 다른 견해를 내어 놓는다. 다양한 견해들이 존재한다. 이런 논쟁적인 특징이 바로

---

153) 위의 책, pp.32-40.

앎에 대한 욕구와 탐구심을 끝없이 불러일으키는 에너지이다. 결국 잠정적인 결론들, 그때그때의 합당함을 찾을 수밖에 없다. 그리고는 항상 비판에 문을 열어 놓을 수밖에 없다. 이것은 합당함의 본질과 다르지 않다. 더구나 철학의 주제는 무궁무진하다. 그것이 어떤 차원의 어떤 측면이든 본질적인 의미를 묻는 한 그것은 철학이기 때문이다. 이런 맥락에서 모든 인문학은 물론 문학, 영화, 음악, 미술의 예술 분야 또한 철학과 깊이 연결된다고 볼 수 있다.

넷째, 철학은 인식론과 논리학을 포함하고 있다. 칸트가 '철학함'이라는 동사로 철학을 정의하였을 때 그것은 이미 만들어진 하나의 완성적 덩어리로서의 의미를 말한 것이 아니라 의미를 만들어 가는 과정을 말한 것이다. 즉 진리 혹은 의미의 생성에 대한 인식론과 논리학을 중시한 것이다. 인식론은 인식의 본질이나 절차 등에 대해서, 논리학은 그 과정의 규칙에 대해서 다룬다. 판단 과정에 필요한 절차와 도구들을 다룬다고 볼 수 있다. 그러므로 인식론이나 논리학은 합당성에 필요한 사고의 기본 틀을 제공해 준다. 이러한 철학적 인식도구들이 없이 합당성을 이룰 수는 없다.

그러므로 철학은 본질적인 측면에서 합당성과 밀접하다. 합당성을 이루는 데 필요한 특성은 물론 주제와 도구, 즉 내용과 형식을 모두 가지고 있다. 따라서 철학은 합당성을 키우는 원천이다. 립맨은 철학의 이러한 특징이 합당성을 찾는 데 필수적이라고 생각하였다. 특히 아이들 역시 끊임없이 호기심을 가지고 질문하면서 의미를 찾고자 한다는 점에서 누구 못지않은 철학자라고 그는 주장한다. 철학과 아이들에 대한 립맨의 이러한 관심과 애정이 어린이를 위한 철학이라는 독창적인 학문의 분야를 일군 것이다.

## (2) 합당성과 '탐구'

합당성이라는 개념은 이미 탐구를 함의하고 있다. 탐구와 숙고를 통한 반성적 균형이 바로 합당성이기 때문이다. 따라서 탐구가 없이 합당성을 이룰 수는 없다. 탐구에 대한 관심은 훨씬 오래전으로 거슬러 올라간다. '음미되지 않는 인생은 가치가 없다.'고 했던 소크라테스는 탐구를 강조한 것이다. 반어법과 산파법이라는 그의 대화법은 절대적인 것으로 규정되어 버린 지식이나 신념을 다시 반성적으로 생각하면서 그 의미를 탐구하는 과정이다. 이런 점에서 립맨은 가장 모범적인 탐구인으로서 소크라테스를 꼽고 있다.[154] 아리스토텔레스 역시 인간의 문제에 관한 모든 숙고를 탐구로 보았다.[155] 이 탐구의 과정을 거쳐서 선택하고 판단하면서 적절한 중용을 취한다.

하지만 현대적 의미의 탐구에 대한 아이디어를 제공한 사람은 퍼어스이다. 그는 탐구를 "의심으로부터 생기는 곤혹감을 안정된 신념으로 극복하기까지의 과정을 이끌어 나가는 행위"로 본다.[156] 이때 안정된 신념을 획득하는 방법으로는 고집에 의한 방법, 권위에 위한 방법, 선험적 방법, 그리고 과학적 방법 등 네 가지의 전형적인 방법이 있다고 하였다. 퍼어스는 그중에서도 과학적 방법이 새로운 신념을 구성하는 가장 적절한 방법이라고 생각하였다. 왜냐하면 과학

---

154) 위의 책, pp. xiii-xv.
155) Aristoteles, 최명관 역, 『니코마코스 윤리학』, 서광사, 1984, pp.90-91.
156) 임병갑, 앞의 논문, p.9에서 재인용.

적 방법은 논거의 정당성, 강력한 증거 등을 준거로 비판과 토론을 통해 각각의 신념들을 검증해 나가는 절차를 가졌기 때문이다.157) 그래서 퍼어스는 철학을 비롯한 진리를 추구하는 모든 탐구는 과학 실험실에서의 방법으로부터 배워야 한다고 주장하였다.

탐구에 대한 이론을 심화시키고 일상과 교육의 문제로까지 확장시킨 사람은 듀이다. 듀이는 무엇보다도 과학탐구와 가치탐구를 연결시키고자 하였다. 사실 판단도 가치 판단도 모두 유기체-환경의 시스템 속에서 세상을 이해해 나가기 위한 탐구의 소산이며 모두 도구적 가치를 지닌다. 또한 과학적 탐구가 항상 새로운 비판에 열려 있듯이 가치의 영역들도 언제나 비판적인 탐구의 대상이 되어야 한다. 특히 듀이는 사실에 대한 탐구이든 가치에 대한 탐구이든 그들은 모두 인간이 가지고 있는 문제의식으로부터 출발한다고 하였다. 듀이는 이런 생각을 바탕으로 탐구를 '문제해결의 과정'으로 설정하였다. 그리고 그 과정을 크게 불확정적 상황을 전제로 문제를 설정하는 단계, 가설이나 해결책을 모색하는 단계, 그것들의 적절성을 평가하는 추론의 단계로 나누었다.158) 이것은 이후의 학자들에 의해서 문제해결의 알고리즘으로 재구성되기도 하였다.

탐구의 원천이 불균형이라는 문제성(problematicity)에 있다면 탐구를 계속적으로 가동시키는 에너지는 오류가능성이다. 퍼어스에 의하면 오류가능주의(fallibilism)는 "우리의 앎이 결코 절대적이지 않고 불확실성과 불확정성의 연속체 안에서 언제나 이리저리 헤엄치고"

---

157) S. Yule 외, 앞의 책, p.1.
158) J. Dewey, *LOGIC: The Theory of Inquiry*, Henry holt and Company, 1938, 참고.

있기 때문이다.159) 앎의 속성은 불확실성 혹은 불확정성이다. 립맨은 지식이나 신념의 오류가능성을 넘어서 우리가 가진 인식도구들의 오류까지도 언급한다. 단순히 판단의 결과가 잘못된 것일 수도 있지만 인식도구들에 형식적·비형식적 오류가 있어서 판단이 잘못되는 경우도 있다는 것이다. 때문에 우리의 탐구는 끊일 수 없다. 그 탐구의 결과가 정답이거나 확정적인 것은 아니더라도 지속적인 탐구를 통해서 좀 더 나은 답, 즉 합당한 판단을 도출해야 한다.

## (3) 합당성과 '공동체'

철학과 탐구와 합당성이 갖는 공통점은 모두 문제 상황에서 출발한다는 점이다. 그리고 의미를 찾고자 한다는 점이다. 하지만 그 답이나 의미에 대한 궁극적인 답은 없다. 찾았다고 생각해서 손에 움켜쥐었을 때에는 다양한 이유들에 의해서 다시 흩어져 버리고 만다. 그래서 항상 찾고 또 찾아야 한다. 이러한 탐구의 과정을 효과적으로 이끌면서 우리에게 좀 더 합당한 판단을 갖도록 하는 것은 바로 공동체이다. 공동체적 합당성을 중시한 립맨에게 합당성과 공동체는 뗄 수 없는 관계이다.

우선 개인이 가지고 있는 인지적 한계 혹은 심리적 한계는 자명하기 때문이다. 인지심리학은 이런 점에 대해 많은 설명을 하고 있다. 작업 기억의 용량도 극히 한정되어 있고 장기기억 역시 안정적이지 못하다. 우리의 주의력도 매우 선택적으로 대상에 주목하기 때

---

159) 이지애, 앞의 논문, p.260에서 재인용.

문에 정보나 자료의 획득이나 해석에 있어서 편협성을 갖게 하기 쉽다. 뿐만 아니라 이미 획득하고 있는 공동체적 정향이 나의 판단을 불공정하게 이끌 수도 있고 유사성 효과(similarity effect)에 의해서 기존의 틀에 얽매이기도 한다. 좀 더 합당한 판단을 내리는 데 있어서 방해가 될 수 있는 요인이다. 이러한 개인적인 한계를 벗어날 수 있는 방법은 공동체 속에서 탐구하는 것이다. 포퍼(K. Popper)를 인용한 콰인(W. Quine)의 다음과 같은 글은 이러한 생각을 잘 표현하고 있다.

> 포퍼는 우리에게 과학적인 실험실과 천문학의 도구들이 충분히 갖추어진 섬에 살고 있는 로빈슨 크루소를 상상해 보라고 한다. 자기의 발견물이나, 자기 연구의 성실함과 주도면밀함에 관계없이 크루소는 우리에게 확신을 주지 못한다. 거기에는 과학적 방법의 구성요소가 결여되어 있다. ……왜냐하면 거기에는 자신을 제외하고는 자기의 실험결과를 체크할 사람이 없다. 즉 자기 자신을 제외한 어느 누구도 특수한 자기정신 역사의 피할 수 없는 결과물의 편견들을 교정해 줄 수 없다. ……이른바 '과학적 객관'은 개개 과학자의 불편부당성(impartiality)의 산물이 아니라 과학적 방법의 사회적 또는 공공적 성격의 산물인 것이다.[160]

개인에게만 의지해서는 합당성을 획득한다는 것이 어렵다는 것은 우리의 경험적 사실이기도 하다. 특히 어느 비범한 개인의 합리적인 성향이나 비판적인 태도에 기대어 적절한 판단을 기대하는 것은 무

---

160) A. Sharp 외, *Teaching for Better Thinking*, Melbourne: ACER, 1995. p.17에서 재인용.

모한 것이며 결국 개인을 넘어선 사회적 차원의 방법적 규범이 필요하다.[161] 타가드의 개인적 병렬분산처리방식의 판단 과정이 구성원들에게 분산되어 일어나는 '공동체적 병렬분산처리'로 일어나야 하는 것이다. 합당성을 찾아가는 탐구와 숙고의 과정을 공동체의 구성원들이 함께 협동적으로 이루어 나간다. 그러므로 공동체는 개인의 인지적·심리적 한계를 극복하면서 좀 더 합당한 것을 찾아내도록 해 주는 훌륭한 장치이다.

공동체적 병렬분산처리는 주로 공동체 내에서의 대화나 토론을 통해서 이루어진다. 누군가 맥락에 대한 고려를 들추어내고 누군가 감정에 대한 고려를 제안한다. 질문이 제기되고 각자의 신념이 드러나며 기발한 상상을 토대로 한 가설과 대안들이 등장하기도 한다. 또한 다양한 신념과 입장 그리고 다양한 관점들이 드러난다. 비고츠키는 이러한 공동체 내에서의 대화가 구성원 각자에게 내면화된다고 하였다. 비고츠키는 이를 간정신의 내정신으로서의 재생산(intrapsychical reproduction of interpsychical)이라고 하였다.[162] 이런 과정을 통해서 구성원 각자의 개인적인 판단력이 신장된다. 라일(G. Ryle) 역시 대화의 경험을 스스로 내재화하면서 개인의 자율적인 사고가 향상된다고 하였다.[163] 립맨은 "생각은 대화"라고 간명하게 주장하였다. 따라서 이들은 모두 공동체에서의 탐구가 판단의 합당성을 가져올 뿐 아니라 구성원들이 그 과정을 내면화함으로써 개인의 합당한 판단력을 키울

---

161) 임병갑, 앞의 논문, p.163.
162) Lipman, M, 박진환 외 역, 『고차적 사고력 교육』, 인간사랑, 2005. p.144.
163) 위의 책, p.331.

수 있다는 점을 강조하면서 공동체에서의 탐구가 가지고 있는 이중의 효과를 보여 주고 있다.

공동체에서 함께 탐구해 나간다는 것은 자연스런 사회화과정이기도 하다. 자연스런 대화나 토론의 과정에서 세상이 가진 표준이나 기준 그리고 다양한 관점들을 접하게 되고 그것들을 검토하고 반성하면서, 동시에 인식주체로서의 자발성을 유지하고 발휘하면서 주입이나 교화 없이 진정한 사회화의 과정을 겪는 것이다. 한마디로 '자율적 사회화' 과정을 자연스럽게 획득해 나가는 것이다. 아이들이 이런 과정을 통해 어떤 덕목을 받아들인다는 것은 수업 시간에 정해진 덕목을 비판적인 검토 없이 수용하는 것과는 차원이 다르다. 물론 공동체 안에서 합당성을 찾아간다는 것은 공동체 자체에 대한 검토를 주제로 할 수도 있다. 다시 말해서 공동체의 공동목표나 공동의 신념 혹은 공동체의 구조나 절차 등이 가지고 있는 합당성을 점검하고 비판하고 재구성해 나가기도 할 것이다. 따라서 공동체의 합당성을 반성하는 것이다. 이러한 반성의 과정은 공동체 자체의 합당성을 강화시켜 준다.

결국 합당성은 그 본질에 있어 철학과 탐구와 공동체와 밀접한 관련을 가지고 있다. 철학적 탐구공동체는 내용적인 면에서는 본질적이고 논쟁적인 주제와 내용을 풍부히 가지고 있고 절차적인 면에서는 탐구에 필요한 지적인 도구들을 갖추고 있는 철학을 적극 활용하면서 공동체 안에서 다른 구성원들과 함께 공동의 질문을 만들고 공동의 탐구를 해 나가면서 공동의 합당성을 찾아가는 의사소통의 장이기 때문이다. 그러므로 철학적 탐구공동체는 합당성을 구현하기에 적절한 환경과 활동을 제공할 수 있다.

## 2) 철학적 탐구공동체의 교육적 함의

립맨은 합당성을 규제적 이상으로 하는 교육과 그를 구현하는 접근법으로서 철학적 탐구공동체를 강조한다. 철학적 탐구공동체를 합당성과 교육을 연결시켜 주는 가장 강력한 연결고리라고 생각하는 것이다. 그렇다면 철학적 탐구공동체는 구체적으로 어떤 특징을 가지고 있으며 그 교육적인 함의는 무엇인가.

### (1) 철학적 탐구공동체의 특징

립맨은 철학적 탐구공동체에서 좁게는 진리에 대한 탐구와 넓게는 의미에 대한 탐구가 모두 이루어져야 한다고 하였다. 그것을 위해서 립맨이 일차적으로 중시한 것들은 허용성, 참여, 면대면 관계, 공동체적 일체감, 공평과 같은 심리적인 측면이다. 이러한 심리적인 공동체적 결속이 없이는 제대로 된 탐구 활동이 이루어질 수 없다고 생각하였다. 신뢰와 이해가 바탕이 된 공동체가 철학적 탐구공동체의 전제가 되어야 한다는 것을 강조한 것이다. 또한 인지적 활동의 공유, 숙고, 스스로 생각하기, 절차로써 도전하기, 깊이 있는 독서, 질문, 토론, 모델링 등과 같은 인지적·행동적 측면을 강조하였다.[164]

---

164) 위의 책, pp.133-142.

공동체 속에서의 토론을 통해 다측면적 도구들을 익히면서 숙고하고 스스로 생각하는 것이다. 또한 열린 마음과 문제에 대한 민감성을 바탕으로 항상 질문하는 태도를 가지고 절차로서 도전하면서 다른 사람의 표현이 가진 의미나 판단의 근거를 알고 이해하고자 한다. 특히 립맨은 철학적 탐구공동체 활동에서 깊이 읽기(deep reading)를 매우 중시하고 있다. 문제를 해결하고 합당한 판단을 만들어 나가기 위해서는 인류의 지식과 지혜가 집적되어 있는 글 혹은 자신들의 생활과 닮은 이야기를 가진 에피소드를 읽고 이해하는 것이 중요하기 때문이다. 그래야 합당한 판단에 필요한 정보들에 대해서 보다 넓은 지평과 깊이를 가질 수 있기 때문이다. 특히 그는 좋은 교재로서 이야기를 강조하였다. 이야기에는 다양한 인격들이 존재하고 다양한 층의 삶이 그려지면서 분절된 교과의 내용이 가지지 못하는 총제성과 완전성을 가질 수 있기 때문이다. 이 안에서 일어나는 사건과 그 속의 인간들이 벌이는 갈등과 조정들을 보면서 합당한 판단에 필요한 감각을 느낄 수 있기 때문이다. 립맨은 철학적 탐구공동체에서의 절차에 대해서도 다음과 같이 하나의 모델을 제시하고 있다.

① 교재 읽기
* 이야기 형식으로 된 탐구공동체 모델로서의 교과서
* 지난 세대들의 가치나 업적들을 반성하는 것으로서의 교과서
* 문화와 개인 사이의 중재자로서의 교과서
* 정신적 반성이 내재된, 고도의 독특한 인식 대상으로서의 교과서
* 인간관계를 논리적 관계로 분석가능한 것으로 묘사하는 교과서
* 돌아가며 크게 소리 내어 읽기

* 등장인물의 사고활동에 대한 이해와 점진적 내면화
② 토론주제 만들기
* 개인 질문 만들기
* 질문거리를 낸 개인들의 이름을 교사가 칠판에 적기
* 탐구공동체의 협동 작업을 통해 토론주제 구성
③ 토론하기
* 대화적 탐구를 통한 구성원들의 결속
* 반성보다는 활동이 우선
* 반대 표명과 이해를 위한 질문
* 대화를 통한 인지적 기술 배양
* 인지적 도구들의 사용법 연습(이유, 기준, 개념, 규칙, 원리 등)
* 협력적 추론에 동참하기(서로 의견 세워 주기, 반례나 가설 제
  공하기 등)
* 공동체의 인지적 행동 내면화
* 문맥상의 차이에 의한 사소한 의미차이에 점점 민감해지기
* 논쟁이 이끄는 대로 따라가면서 다 함께 탐색하기
④ 연습문제와 토론계획 활용하기
* 전문적 안내에 따르기
* 훈련 방법 활용
* 학생들에게 또 다른 철학적 대안 제공
* 실제적인 판단을 가르치기 위한 특별한 문제에의 집중
* 진리, 공동체, 사람, 정의, 선 등과 같은 포괄적인 규정적 개념
  탐구
⑤ 심화 반응을 고무시키기

* 심화 반응을 끌어내기(이야기, 시, 그림, 연극, 그 외의 표현 활
  동들)
* 개인적으로 혹은 공동체적으로 비판과 창조를 통합하는 활동해
  보기
* 판단을 강화시켜 준 깊이 있는 의미감각의 획득을 서로 격려하
  기[165]


정리하면 대개 탐구를 열기 위해서 아이들의 호기심을 자극하고 흥미를 유발시키는 교재가 주어진다. 교재는 대부분 이야기이지만 때에 따라서는 그림일 수도 있다. 아이들은 주어진 교재에 대한 관심을 표명하고 질문을 한다. 질문을 토대로 공동 탐구의 주제가 정해지고 공동 탐구가 진행된다. 그 과정에서 교사는 판단의 도구로서의 다측면적 사고와 성향에 대한 연습이 활발해지도록 분위기를 조성한다. 토론이 마무리되면 다소 계획된 안내에 따라 연습이 일어난다. 토론은 주로 아이들의 질문을 토대로 아이들의 생각을 좇아가기 때문에 핵심개념 탐구나 인식도구 연습 등 판단에 꼭 필요한 부분들이 누락될 수 있기 때문이다. 아이들의 자의적이고 발랄한 생각들을 수렴하고 좀 더 합당한 판단을 탐구해 나가는 데 이러한 과정은 필수적이다.[166] 끝으로 탐구를 통해 얻은 생각을 그림이나 글로 표현

---

165) 위의 책, pp.142-145.
166) 특히 이 단계는 교실 토론 현장에서 매우 중요하다. 현재 교실토론은
    주로 아이들의 생각을 마음껏 발산하게 하지만 그것을 '적절한 것'으
    로서 수렴해 내지는 못하기 때문이다. 수렴한다고 해도 교사가 일방적
    인 기준이나 방향으로 이끌어 나가는 경우가 허다하다. 그러나 다측면
    적 도구에 대한 훈련은 아이들 스스로 기준이나 표준을 가지고 탐구

하면서 자신의 것으로 만들고 심화하는 작업이 진행된다. 물론 이러한 전 단계가 항상 그대로 진행될 필요는 없다. 주제와 여건에 따라서 충분히 변형이 가능하다. 아이들은 이러한 탐구의 절차에 따라서 개념이나 문제에 대해서 함께 심사숙고하면서 그에 대한 자기 이해력과 자기 판단력을 증진시켜 나간다. 결국 철학적 탐구공동체는 심리적인 유대와 인지적인 공유를 통해 공동의 질문을 만들고 함께 탐구하면서 합당한 판단을 연습해 나가는 장이다.

## (2) 철학적 탐구공동체에서의 '교육'의 의미

교육의 의미를 어떻게 이해하는가 하는 것은 인식론의 문제와 밀접한 관련이 있다. 진리에 대해서, 지식에 대해서 혹은 그것을 획득하는 과정에 대해서 어떻게 생각하느냐에 따라서 교육관이 달라질 수 있다는 의미이다. 정초주의를 기반으로 한 인간의 오랜 역사에서 교육은 대개 지식을 전수해 주는 것이다. 이에 기반을 둔 교육근본주의자들 대부분이 가지고 있는 교육관은 지식을 가진 사람이 갖지 못한 사람에게 전수하는 것이다. 립맨은 이것을 관행적인 교육의 패러다임이라고 하였다. 그에 의하면 이러한 교육의 패러다임 아래에서 지식은 확정적인 것이고 안전한 것으로 검토될 필요가 없다. 그러므로 교사는 학생들이 꼭 알아야 할 내용을 가르칠 수 있어야 하며 그런 교사만이 교육적 권위를 갖는다. 학생들은 지식을 확보하고

---

의 방향을 수렴해 나가는 도구와 절차를 익히게 해 준다. 그러므로 이 단계는 매우 중요하다.

잘 축적하는 일을 하면 된다.[167] 도덕교육에 있어서도 덕목들은 이미 정해져 있고 도덕교사의 사명은 그것을 아이들에게 잘 전하는 일이다. 교사의 사명은 아이들이 덕목을 제대로 이해하고 납득할 수 있도록 해야 한다. 하지만 현대는 정초주의적 믿음이 사라졌다. 절대니 보편이니 하는 거대 담론이 사라져 가는 것이다. 우리가 안전하게 기댈 지식이나 신념이 그리 튼튼하지 않다. 가치가 급격히 변하고 다양한 가치가 혼재한다. 이슬람이라는 공동체와 기독교라는 공동체 사이에는 의사소통이 되지 않는다. 갈등과 전쟁이 끊이지 않는다. 철저하게 '다른 세상'에 살고 있다. 이런 세상에서 자신이 신봉하는 절대적인 가치를 강조하고 그것에 매달린다는 것은 인류가 좀 더 양질의 삶을 사는 데 도움이 되지 않는다. 인식론적 전환이 필요하다. 다름과 다양성 속에서 최선의 것을 찾아가는 지혜, 즉 합당한 판단력이 필요한 것이다. 따라서 합당성과 철학적 탐구공동체에 대한 립맨의 강조는 이러한 인식론의 전환을 교육적인 문제에까지 확장시킨 것이다. 인식론의 전환을 바탕으로 교육의 핵심개념과 접근법까지 총망라해서 일관성 있게 바꾸고자 한 것이다. 그러지 않고서는 교육이 변하는 세상을 따라잡지 못하기 때문이다. 그래서 그는 합당성과 철학적 탐구공동체를 중심으로 하는 반성적 교육의 패러다임이라는 새로운 대안을 제시한 것이다.

립맨의 교육관을 좀 더 깊이 이해하기 위해서는 로티의 교육관을 이해할 필요가 있다. 왜냐하면 로티 역시 립맨과 마찬가지로 새로운

---

167) 위의 책, p.38.

인식론을 바탕으로 학문의 사명도 교육의 모습도 바뀌어야 한다고
역설하였기 때문이다. 로티는 거대 담론의 체계적 철학은 실현될 수
없는 기획이라고 하였다. 그렇다면 우리가 할 수 있는 일은 무엇인
가. 로티는 진리라는 이름으로 행해지는 보편적인 인식이나 담론을
추구하기보다는 다양한 작은 담론들을 지향하면서 그러한 다원적 인
식을 가져오는 개인의 창의적인 해석과 재서술을 강조하였다. 그는
이러한 담론을 이끌어 가는 철학을 소문자의 철학이라고 불렀고 이
러한 소박한 진리들을 소문자의 진리라고 이름 붙였다. 물론 이 소
문자의 진리는 탐구의 과정 '중'에 있는 것이다. 그것은 우리가 다다
라야 할 어떤 이상적인 최선의 모습으로서의 진리가 있다고 가정할
때 그 모습을 조금 담고 있을 하나의 메타포(metaphor)에 지나지 않
기 때문이다.168)

그런데 이러한 작은 담론들의 세상에는 다양한 가치와 시각들이
존재한다. 그러므로 반정초적 상대주의가 초래될 위험이 있다. 이를
극복하기 위해서 로티는 새로운 교육의 패러다임으로 '교화
(edification)'를 제안하였다.169) 메타포가 하나의 소진리로 채택되면

---

168) 로티는 인간의 모든 인식은 '메타포(metaphor)'의 성격을 지닌다고 본
다. 말 그대로 메타포란 전달하려는 메시지가 메타포 내부에 고정되어
있는 것이 아니라, 그것이 연상시키거나 지시하는 메타포 외부의 의미
에 들어 있는 것이며, 그 의미의 파악과 동시에 벗어나야 하는 것이
다. 인식을 메타포로 표현하는 이유는 인식이 결코 종점이 아니라, 그
너머의 무엇인가를 가리키는 잠정적인 단서로서 절대적이거나 불변적
인 진리가 아님을 강조하기 위한 것이다(엄태동, "리처드 로티의 네오
프래그마티즘의 사유체계와 교육의 재개념화," 『교육원리연구』제38집,
한국교육원리학회, 2001, pp.3-7.).
169) 로티에게 이 말은 현재의 자기 인식의 문제점을 깨닫고 치유하여 새

그것은 인간의 사고와 양식을 지배하는 개념체계로 발전하면서 통상적인 담론으로 한 공동체나 세대를 지배하게 된다. 하지만 물론 이것은 절대적인 것이 아니라 극복되어야 할 것이다. 왜냐하면 메타포에서 출발한 것이기 때문이다. 그러므로 모든 담론은 새로움을 향해 항상 열려 있어야 한다. 이런 맥락에서 교육은 통상적 담론이 가질 수 있는 한계와 문제점을 염두에 두고 새로운 메타포를 구성하도록 돕는 것이다. 이를 위해서 가장 중요한 것은 학생들이 통상적 담론을 자기화할 수 있어야 한다. 자기 나름의 의미로 해석할 수 있어야 한다는 의미이다. 로티는 인간은 메타포에 대한 자기 이해와 비판 그리고 구성을 통해서 자아를 형성해 나가고 또 발전시켜 나가야 한다고 했다. 그리고 그것을 돕는 것이 교육(교화)이라고 하였다.

이를 위해서 로티가 권장한 것은 대화이다. 그런데 문제는 교사와 아이들 간에 혹은 아이들과 아이들 간에 각자 자기화된 각각의 작은 메타포들이 존재할 수 있다는 점이다. 서로 다른 메타포 안에서 의사소통이 되지 않을 수 있다. 따라서 서로의 메타포에 근거한 논증만으로는 아무런 도움이 되지 않는다. 이때 필요한 것은 상대방의 이야기를 귀담아들으면서 자신이 가진 메타포를 이해시키는 것이다.

---

로운 인식과 자아를 모색하는 활동을 뜻한다. 엄태동은 이 '교화'라는 번역에 대해 세심한 주의를 하고 있다. 왜냐하면 보통 교화라는 말은 영어의 indoctrination을 번역할 말로서 강제와 주입이라는 의미가 내포되어 있기 때문이다. 하지만 그가 굳이 이 용어를 그대로 사용하는 것은 원래 교화라는 말이 동양권에서는 진정한 이해를 도모한다는 긍정적인 의미를 갖고 있기 때문에 오히려 교화가 갖는 부정적인 의미는 왜곡된 것이라는 해석을 바탕으로 하고 있다(위의 논문, pp.5-6.).

······'이성적이고자 노력해야 한다.'는 말은 '관용을 베풀고자 노력해야 한다. 혹은 다른 사람들이 말하는 것을 기꺼이 듣고자 노력해야 한다.'는 말처럼 들린다.[170]

이런 과정 속에서 아이들은 자신의 메타포와 다른 사람이 가진 메타포를 비교해 보고 그들 중에서 자아를 좀 더 쇄신시킬 수 있는 메타포를 선택하게 된다. 주체적인 자기 변용의 과정을 겪는 것이다. 물론 이때의 자기 변용은 단순히 어떤 것을 알았다고 해서 이루어지지 않는다. 자발적 승복의 차원에서 이루어진다.[171] 깨달음을 갖고 완전히 자기화한 것을 의미한다. 로티의 관점에서 보면 교육이란 아이들이 이런 자기 변용의 과정을 거듭할 수 있도록 돕는 것이다. 이러한 로티의 메타포 개념은 합당성과 다르지 않다. 메타포 역시 잠정적인 최선의 것이기 때문이다. 또한 그것은 다양한 메타포들을 자기 나름대로 이해하고 해석하면서 그것들이 가진 불균형을 자기의 주체적 인식 속에 자기화하면서 반성적 균형을 갖는 것이라고 볼 수 있기 때문이다. 주체적인 자기 쇄신의 과정이란 매일매일 교육활동을 통해 아이들이 자기 나름의 합당성을 추구해 나가는 과정과 다르지 않다.

로티의 교육에 대한 아이디어는 교육의 의미에 대해서 여러 가지

---

170) 위의 논문, p.16.
171) 실존의 도상에 있는 현존재들 간의 진정한 소통을 바탕으로 이루어지는 자발적 깨달음이다(엄태동, "하이데거의 실존 수행과 알레테이아, 그리고 교육", 『교육원리연구』제10집 제2호, 한국교육원리학회, 2005. p.23.).

시사점을 준다. 우선 이제 더 이상 교육은 일방적으로 주는 것일 수 없다는 것이다. 전수와 교화(indoctrination)로서 줄 만큼 절대적이고 보편적인 것이 없기 때문이다. 교육은 쌍방의사소통이어야 한다. 교육받는 사람의 주체적인 자기 쇄신이 중요하기 때문이다. 그러므로 아이들 각자가 가진 메타포를 교사가 이해하는 것도 매우 중요하다. 아이들은 어차피 자신의 메타포를 근거로 교사의 메타포를 이해할 것이기 때문이다. 그러므로 교사에게는 일종의 방편이 필요하다. 아이들이 가진 메타포와 교사 자신의 메타포를 연결하는 징검다리이다. 비고츠키의 스케폴딩(scaffolding)도 이런 맥락에서 이해할 수 있다. 메타포와 메타포 간의 교류는 대화를 통해서 이루어진다. 이 대화 속에서 교사는 징검다리를 놓게 될 것이다. 대화는 서로의 메타포를 이해하는 과정이다. 그리고 그 메타포들이 비교되고 선택되는 과정이다. 그 과정에서 교사가 준 메타포가 비판을 받기도 할 것이고 아이들 스스로 자기가 가진 메타포의 오류를 발견하게 될 것이다. 그러면서 어떤 강제적인 주입이나 설득 없이 아이들이 탄탄하게 자기를 키워 나갈 것이다.

이러한 로티의 교화 이론은 립맨의 교육에 대한 관점과 매우 유사하다. 이들 모두 기본적으로 정초주의적인 인식론에 대해 부정적인 시각을 가지고 있기 때문이다. 하지만 그렇다고 반정초주의적인 입장에서 상대성을 옹호하지도 않는다. 절대적인 것은 아니지만 보다 나은 것으로 객관화시킬 수 있다는 것이 두 사람의 공통적인 인식이기 때문이다. 그리고 교육은 그런 것을 아이들이 자율적으로 탐색해 나가도록 돕는 것이라고 생각한다. 특히 립맨에게 있어서 교육에서 가장 중요한 것은 합당성을 얻기 위한 '탐구'를 아이들이 스스로 잘 할 수 있도록 돕는 것이다. 좀 더 구체적으로 정리하면 교육이란 교실에서의 의사소통을 통해 문제에 대한 민감성을 키우고 내용 간의 관계를 구성하고 반성적 사고를 향상시키면서 자율적으로 합당한 판단력을 기르는 것이다. 이것이 립맨이 바라는 반성적 교육의 패러다임이다. 따라서 그의 교육관에서는 탐구와 함께 '탐구공동체', '질문', '판단', '관계', '반성적 사고', '자율성', '합당성' 등이 매우 중요한 개념이다.172) 립맨은 교육이 제대로 이루어지기 위해서는 교육을 기획하거나 실행하는 사람들이 이와 같은 개념들에 관심을 가져야 한다고 하였다. 립맨은 이러한 자신의 교육적 이해가 잘 반영되고 구현될 수 있도록 철학적 탐구공동체라는 접근법을 창안한 것이다. 따라서 립맨이 생각하는 교육의 의미는 그대로 철학적 탐구공동체가 가지는 교육의 의미라고 볼 수 있다.

그렇다면 철학적 탐구공동체 안에서는 구체적으로 가르친다는 것과 배운다는 것이 어떤 의미를 지니는가. 철학적 탐구공동체에 대한 립맨의 언급을 바탕으로 총체적으로 살펴보고자 한다.

## (3) 철학적 탐구공동체에서의 교수와 학습의 의미

합당성을 규제적 이상으로 하는 철학적 탐구공동체에서 가르친다

---

172) M. Lipman, 박진환 외 역, 『고차적 사고력 교육』, 인간사랑, 2005, pp.40-49.

는 것은 우선 어떤 지식이나 신념을 가르치는 것을 목표로 하지 않는다. 목표는 아이들이 합당성을 찾도록 돕는 것이다. 지식이나 신념을 배우더라도 그것이 아이들의 삶 속에서 실천적인 합당성을 가질 수 있도록 다측면적 도구들을 활용하여 유연하게 변형되는 것을 허용하고 장려한다.

물론 현재의 통상적 담론 속에서 아이들이 살아가는 데 필요하다고 생각하는 필수적인 지식이나 가치 혹은 덕목들을 이해시키고 수용시킬 수 있다. 하지만 그 이해와 수용이 자발적 승복이도록 한다. 기성세대의 담론을 아이들에게 주입하려고 하는 대신에 "너희들은 어떻게 생각하니?" 하고 아이들에게 묻는다. 그리고 아이들이 이러한 지식이나 덕목을 이리저리 굴릴 수 있도록 허용한다. 특히 자발적 승복을 위해서 아이들이 가지고 있는 생각이나 궁금증을 중심으로 활동이 이루어진다. 그래서 교재는 아이들의 궁금증과 호기심을 자극하는 것을 사용한다. 립맨은 완전해서 더 이상 물어볼 것도 없거나 이미 답이 정해져 있는 내용의 교재는 지양되어야 한다고 하였다. 대신에 삶의 중요한 핵심을 이루면서도 논쟁적인 개념이나 문제들이 다루어져야 한다고 하였다. 또한 맥락을 가진 이야기를 주로 교재로 제공하고자 한다. 그래야 지식이든 신념이든 그 의미를 깊이 있게 이해하는 데 도움이 되기 때문이다. 립맨은 특히 그리스 시대의 문학적 작품들을 예로 들면서 이야기 교재를 강조하고 있다.[173]

교사는 아이들이 질문을 하고 그 질문에 대한 나름대로의 반성적 균형을 찾도록 이끈다. 비판적 사고와 창의적 사고와 배려적 사고가

---

173) M. Lipman 외, *Philosophy in the Classroom*, Philadelphia: Temple University Press, 1981, p. x v i .

고루 고려될 수 있도록 질문을 던지기도 하고 의견들을 정리하고 조직하기도 한다. 그러면서 아이들의 판단이 자의적 개념에서 좀 더 객관적인 개념이 될 수 있도록 돕는다. 아이들이 맘껏 생각하도록 하는 것에서 그친다면 그것은 위험한 일이기 때문이다. 아이들의 생각을 다듬고 수렴하고 반성해 보는 과정이 필수적이다. 이런 과정에서 교사의 역할은 절차적 측면에서 적극성을 보이는 것이다. 특히 아이들에게 다측면적 사고와 성향의 모범을 보여 준다. 립맨은 교사의 권위란 아이들에게 많은 지식을 알려 주느냐가 아니라 이런 모습을 얼마큼 바르게 보여 줄 수 있느냐에 달려 있다고 하였다.

이때 중요한 것은 교사가 아이들의 이야기에 귀를 기울이면서 아이들이 지금 가지고 있는 생각과 느낌과 판단들을 이해하는 것이다. 아이들의 언어적 표현뿐 아니라 분위기와 표정 혹은 아이들의 침묵까지도 이해하고자 한다. 왜냐하면 이것도 대화이기 때문이다.[174] 이러한 세심한 이해 없이는 아이들 내부의 진정한 반성적 균형을 불러일으킬 수 없다. 자신의 이야기를 이해하려고 귀를 기울이는 누군가가 있어야 아이들은 자신을 진정성 있게 드러낸다. 그러면서 아이들은 자기 생각이나 느낌과 만나고 그것을 통해 새로운 생각과 느낌을 만들어 가는 것이다. 이런 점에서 립맨은 철학적 탐구공동체에서의 교사와 아이들 간의 신뢰를 강조한다.[175] 철학적 탐구공동체가 제대

---

174) 메를로 뽕띠는 행간의 의미와 분위기 역시 대화의 연장선상에 있는 것이라고 하였다(박균열, "메를로 뽕띠의 현상학적 몸 개념을 통한 윤리적 탐구공동체 교육에서의 비논리적 판단의 정합성 연구", 『철학과 현상학 연구』, 한국현상학회, 2005, p.95.).
175) M. Lipman 외, 서울교대 철학연구동문회 편역, 『어린이를 위한 철학 교육』, 서광사, 1986. pp.87-88.

로 이루어지기 위해서는 배려적 공동체가 선행되어야 하는 것이다.

한편 철학적 탐구공동체에서 배운다는 의미는 많은 지식을 배우려고 하지 않는다는 것이다. 아이들은 주체적인 자기이해와 자기비판과 자기구성을 통해 합당한 판단을 익혀 나가는 것이 더 중요하다고 생각한다. 따라서 일정한 지식이나 신념에 대해서 많이 배우기보다는 자기의 생활에서 관심이 가는 개념이나 문제들에 대해서 혹은 기성세대가 중시하는 것들에 대해서 그 의미와 해결책들을 탐구해 보고자 한다. 친구들과 함께 협동적 사고를 통해서 개념을 정의해 보고 예를 들어 보기도 하고 비유를 들어 보기도 한다. 기준을 가지고 비판하고 근거를 들어서 옹호하기도 한다. 아이들은 교사가 준 것을 그대로 수용하려고 하기보다는 자기 의미를 갈망하기 때문에 의심이 가거나 질문이 있으면 언제든지 질문한다.[176]

이렇게 토론의 장에 '나'를 참석시키지만 나를 고집하지는 않는다. '틀릴 수도 있겠지.' 하는 자기 통제적 사고 전환을 통한 인정의 자세를 가지기도 하고, '다를 수도 있겠지.' 하는 남을 배려하는 사고로의 전환에 근거한 열린 마음을 가지기도 한다. 또한 '이게 다가 아닐 수도 있겠지.' 하는 차원을 이동하는 사고로의 전환을 통해 대상을 새롭게 보는 자세를 가지기도 한다.[177] 그래서 항상 다른 입장이나 관점을 이해하고자 한다. 다르다는 것 때문에 비난하기보다는 왜 그런 관점을 가지게 되었는지 이해하고자 한다. 그래서 다른 사

---

176) 위의 책, pp.74-79.에는 아이들이 경험 중에서 의미를 발견하는 능력을 계발하기 위해서 어떤 점을 길러야 하는지 상세하게 기술되어 있다.
177) 이것은 이지애의 철학적 겸허 자세 세 가지를 그대로 인용한 것이다 (이지애, 앞의 논문, p.268.).

람들에게 경청한다.

이러한 모든 배움은 탐구공동체에 참여함으로써 습득된다. 물론 듣거나 보면서 배우기도 하지만 그 완성은 나를 드러내고 다양한 사고기술들을 적극적으로 실행하면서 이루어진다. 계속 반복하면서 반성적 습관화를 획득하고자 한다. 실행을 통해 배움을 완성하는 것이다. 로고프(B. Rogoff.) 역시 "스스로 참여함으로써 실행에 대한 이해와 책임감이 변화되어 간다."고 하면서 이런 것을 "참여에 의한 획득(participatory appropriation)"이라고 표현하였다.178) 지금까지의 논의로부터 철학적 탐구공동체의 교육적 의미를 정리하면 다음과 같다.

첫째, 철학적 탐구공동체는 탐구를 위해 심리적으로 인지적으로 열려 있는 장이다. 무엇이든 물을 수 있고 다르거나 틀릴까 봐 겁먹을 필요가 없다. 특히 현재 수업현장에서 자신을 드러내지 않는 아이들의 대부분이 자기의 생각이나 느낌이 혹시 틀려서 다른 이들에게 창피를 당하지 않을까 하는 두려움 때문이라는 사실은 이러한 접근의 필요성을 훨씬 더 절실하게 하고 있다. 자기가 드러나야 주체적인 판단이 가능하며 그래야 실천적 합당성을 얻을 수 있기 때문이다.

둘째, 철학적 탐구공동체는 절대적 보편적 답을 찾는 데 목적을 두지 않는 장이다. 자기 이해와 판단을 키워 나가는 것을 목적으로 한다. 또한 다름을 인정하고 실천의 맥락에서 필요한 만큼의 공통점을 찾아 합의를 도출하고자 한다. 즉 작은 담론을 중시한다. 이런 점은 거대 담론 속의 정답 찾기가 주를 이루는 현재의 교육 접근과

---

178) M. Lipman, 박진환 외 역, 『고차적 사고력 교육』, 인간사랑, 2005, p.146.

는 차별이 있다. 작은 담론을 인정할 때 모든 아이들을 한 줄로 세울 수는 없기 때문이다.

셋째, 철학적 탐구공동체는 탐구를 자극하는 본질적이고 논쟁적인 주제가 있는 장이다. 세상과 인간을 이해하는 데 중요한 핵심 개념들의 의미가 탐구되고 그와 관련된 문제들을 해결해 보고자 한다. 뿐만 아니라 아이들이 자신들의 삶 속에서 제기되는 생생한 질문들을 바탕으로 대화나 토론이 전개된다. 그러므로 철학적 탐구공동체에는 합당성을 찾는 데 효과적인 주제와 문제가 있다.

넷째, 철학적 탐구공동체는 다양한 지식과 신념과 가치와 감정과 입장과 관점들이 드러나는 장이다. 합당한 판단을 위한 수많은 고려사항들이 드러난다. 물론 그것은 구성원들의 발화를 통해서도 드러나지만 구성원들의 표정과 몸짓으로도 드러난다. 아이들은 다양한 고려사항들이 가지고 있는 관계를 발견해 내기도 하고 또 새로이 만들어 내기도 한다. 공동체적 병렬처리과정을 체험하고 내면화한다. 단순히 머릿속에서 일어나는 인지적인 차원에서의 탐구가 아니라 통합적이면서도 지각적인 탐구(perceptional inquiry)가 일어나는 것이다.[179)]

다섯째, 철학적 탐구공동체는 비판적·창의적·배려적 사고와 성향들을 듣고 보고 행하면서 배울 수 있는 실천과 연습의 장이다. 합당한 판단을 하는 데 필요한 기술과 성향을 탐구의 맥락 속에서 보고 익히고 반복적으로 실행하면서 반성적 균형을 찾아가는 감각을 다차원적으로 키워 나간다.

---

179) 박균열, 앞의 논문, p.92.

립맨은 철학적 탐구공동체를 아이들이 합당한 판단을 배울 수 있는 인지적 생태라고 표현하였다.[180] 하지만 그것은 합당한 판단을 위한 심리적·인지적·실천적 생태의 장이라고 표현될 수 있다.

---

180) M. Lipman, 앞의 책, p.194.

# V

합당성을 핵심으로 하는 도덕 판단교육

도덕 판단은 도덕적인 인격을 구성하는 데 아주 중요하다. 하지만 지금까지의 도덕 판단교육은 그러한 역할을 제대로 수행하지 못하였다. 왜냐하면 협소한 도덕 판단개념을 바탕으로 해서 부적절한 접근법들이 실행되어 왔기 때문이다. 그렇다면 립맨의 합당성 개념은 그러한 한계들을 보완하고 도덕 판단교육의 본질에 적절한 개념과 접근법을 구성하면서 새로운 도덕 판단교육을 이끌 수 있는가. 그를 위해서 합당성 개념을 핵심으로 하는 새로운 도덕 판단의 개념은 어떤 것이며 그를 구현하는 데 적절한 접근법은 무엇인지 파악해 보고자 한다.

# 1. 합당성을 규제적 이상으로 하는 도덕 판단개념

현행 도덕 판단교육은 대개 덕목에 대한 판단과 덕목에 의한 판단, 원리나 형식에 의한 판단과 같은 협소한 도덕 판단개념을 바탕으로 이루어졌다. 이에 비해 합당성 개념은 구체적인 맥락에서의 실천적 판단을 전제로 한 개념으로 합리성과 달리 실천적 판단이 갖는 본질적인 복합성과 복잡성을 다차원적으로 고려한다. 그에 따라 합당성은 실천적 합당성, 다측면적 합당성, 공동체적 합당성, 규제적 이상으로서의 합당성, 그리고 그 안의 맥락적, 비판적, 창의적, 배려적 측면들을 그 특징으로 하는 다차원적 개념이다. 이러한 다차원적인 특징은 합당성 개념이 도덕 판단을 적절하게 이끄는 핵심적인 개념이 될 수 있다는 가능성을 시사한다. 이러한 가설을 좀 더 구체적으로 검토해 보기 위해서 합당성 개념의 특징을 중심으로 도덕 판단 개념이 어떻게 구성될 수 있는지 살펴보고 그 적절성까지 살펴보고자 한다.


## 1) 실천적 맥락을 전제로 한 도덕 판단

도덕 판단은 그 어떤 판단보다도 실천적인 개념이다. 도덕 자체가 실천의 문제이기 때문이다. 그러므로 도덕 판단은 단순히 인지적인 영역의 문제가 아니라 실행을 통해서 완성된다. 립맨이 합당성을 강조한 것도 실천이 중요했기 때문이며 아리스토텔레스의 실천적 지혜나 롤즈의 반성적 균형도 결국은 실천적 합당성을 갖기 위한 것이다. 그래서 그들 모두는 도덕적이다. '어떠하다'의 문제라고 보기보다는 결국 실천의 문제에서 '어떠해야 한다'는 것을 우리에게 보여 주고 있기 때문이다.

도덕 판단이 실천적 합당성을 갖기 위해서 가장 중요한 것은 맥락적이어야 한다는 점이다. 이것은 두 가지 의미로 해석할 수 있다. 하나는 도덕 판단이 구체적인 맥락 속에서 이루어져야 한다는 의미이며, 다른 하나는 맥락을 고려해야 한다는 의미이다. 듀이의 말을 빌자면 구체적인 맥락 '안에서' 도덕 판단이 주어져야 하며 구체적인 맥락에 '의해서' 판단이 이루어져야 한다. 구체적인 맥락이 없이 주어지는 원칙적이고 탈맥락적인 덕목이나 원칙에 대한 판단은 그저 화석화된 지식과 다름이 없다. 어려운 삼각함수의 공식과 같이 실천적인 도덕적 삶의 문제에 별로 기여하지 못한다. 실천적인 진정성을 갖지 못하는 것이다. 아이들은 수학의 공식에 대해서 그렇듯이 도덕 시간에 배운 정직이나 절제가 자기들의 삶과 어떻게 연결되는지 그 연결고리를 갖지 못한다. 정직을 알지만 그것을 어떨 때 어떤 방식으로 어느 정도 써먹어야 하는지를 모른다. 그러므로 '실천적 연결고리'를 갖게 해 주기 위해서는 도덕 판단의 본질이 맥락적이라는 점을 파악하고 아이들이 구체적인 맥락 속에서 갈등하는 덕목이나 가치들을 살펴보면서 도덕적 개념에 대해 자기 나름대로 판단할 수 있도록 해야 한다. 정직에 대한 보편적인 개념을 갖는 것에 앞서서 구체적인 맥락 속에 있는 정직의 개념이 내게 어떻게 생각되는지 숙고할 수 있어야 한다. 그런 내 개념과 친구들의 개념을 비교해 보면서 스스로 보편적인 개념을 구성하면서 이해해 나갈 수 있어야 한다. 도덕적 문제에 대해서도 마찬가지이다. 맥락과 개념 혹은 맥락과 문제해결이 연결되지 않는다면 아이들이 실천적 연결고리를 갖기는 쉽지 않은 일이다. 따라서 아이들이 맥락 속에서 도덕 판단을 연습할 수 있도록 기회를 주어야 한다.

맥락을 고려하여 판단한다는 것은 맥락이 주는 다양한 정보들을 고려하면서 판단한다는 것을 의미한다. 우리가 맥락의 고려라는 말을 가장 흔하게 쓰는 경우는 책을 읽을 때이다. 특히 아이들이 낱말의 뜻을 잘 모를 때 우리는 두 가지 해결방법을 알려 줄 수 있다. 사전을 찾게 하거나 맥락 속에서 이해해 보라고 하는 것이다. 하지만 우리는 대개 아이들이 맥락 속에서 새로운 낱말을 이해하기 바란다. 왜냐하면 사전적 '정의'가 탈맥락적인 반면 맥락 속에는 낱말의 '의미'를 좀 더 풍부하고 좀 더 적절하게 '이해'할 수 있는 앞뒤가 있고 흐름이 있고 배경이 있기 때문이다. 즉 맥락은 합당한 판단에 필요한 내용과 정보를 준다. 그러므로 맥락을 고려한다는 말은 맥락이 주는 내용과 정보를 고려한다는 말이다. 이런 의미에서 모든 사고력 교육은 그것이 속해 있는 맥락 속에서 이루어져야 한다는 맥펙(J. McPeck)의 말은 가치가 있는 말이다.[181] 내용이 필요하다는 의미이다. 그 내용 속에는 대개 시간적·공간적 배경이 있다. 그리고 관련된 사람들이 있고 그들의 가치관과 사고방식과 감정이 있다. 그들 사이의 관계도 있다. 다양한 관점도 존재한다. 스프로드(T. Sprod)는 맥락을 구성하는 것에 대해서 자세하게 열거하고 있다.

> ……개인적 역사, 생활환경, 물리적 환경, 미래 희망, 정서 상태, 이해관계, 다른 사람들의 반응, 중요한 신념과 개념, 사회적 지위, 성 등 수많은 점들에서 서로 다르다. ……합리적 행위자들은 이러한 요소들을 무시한다. …….[182]

---

181) M. Lipman, 박진환 외 역, 『고차적 사고력 교육』, 인간사랑, 2005, p.69.
182) T. Sprod, 앞의 책, p.73.

이렇게 보면 맥락을 구성하는 내용은 대체로 시간과 공간적 배경, 사람들의 입장과 감정, 다양한 관점의 세 가지로 정리될 수 있다. 특히 도덕적 맥락에서의 다양한 관점에는 그 맥락에 관련된 도덕적 규범이나 원칙이 매우 중요하다. 이렇게 맥락이 가진 다양한 고려사항들을 염두에 두고 도덕 판단을 연습하면서 아이들은 조금씩 상황을 도덕적 관점에서 바라보는 도덕적 민감성을 탄탄하게 쌓아 가게 된다. 상황이 가진 도덕적 측면을 감지하는 능력이 예민해지고 세밀해지는 것이다.183)

결국 도덕 판단이 실천성을 확보하기 위해서는 보편적인 덕목이나 원칙을 들면서 탈맥락적으로 자신의 판단이나 행동을 합리화시키고 정당화시키기보다는 문제가 속한 맥락이 갖고 있는 시간과 공간적 배경은 물론 거기에 연루된 사람들의 입장, 그리고 그 문제가 가지고 있는 다양한 관점 특히 도덕적 표준이나 기준들과 관련된 관점 등 좀 더 폭넓은 측면에서 맥락을 읽을 필요가 있다. 즉 맥락에 대한 도덕적 민감성이 아주 중요하다. 물론 이런 다양한 사항들을 다 고려하는 것은 어려운 일이며 그 비율의 감각 또한 만만치 않은 일이다. 하지만 맥락이 중요하다는 것을 알고 그것을 어떻게든 고려하고자 하는 판단과 단순히 덕목이나 원칙을 대입한 판단은 질적으로

---

183) 여기서 주의해야 할 것은 맥락적 합당성을 확보하는 데 필요한 구체적인 요소들을 따져 보고 그를 바탕으로 분석적으로 맥락을 이해하는 것은 맥락의 총체성을 해칠 위험이 있다는 것이다. 언제나 그렇듯이 부분의 합이 전체는 아니며 분석이 합당한 이해 위한 충분한 조건은 아니기 때문이다. 다시 말해서 총체적으로 맥락을 파악하는 것도 중요하다.

다른 판단이다. 좀 더 합당할 가능성이 높다. 좀 더 의미 있고 유연한 도덕적 개념을 갖게 될 것이며, 좀 더 원만한 도덕적인 문제해결을 이끌 것이다. 그러므로 합당성을 중심으로 한 도덕 판단이란 실천적 맥락을 전제로 하는 도덕 판단이다.


## 2) 반성적 균형을 위한 도덕 판단

실천적인 맥락에서 판단이 따라야 할 규제적 이상이 합당성이라면 도덕 판단의 규제적 이상 또한 합당성이다. 그렇다면 그것은 무엇보다도 답이 미리 정해져 있어서는 안 된다는 의미를 함축한다. 왜냐하면 합당성은 인식론적인 측면에서 정답이 없다는 것을 전제로 하기 때문이다. 탐구와 숙고를 통해서 답을 찾아야 한다. 그러므로 무엇보다 중요한 것은 탐구와 숙고이다. 아리스토텔레스가 실천적 지혜에서 강조한 것도 탐구와 숙고이다. 이 과정 없이 합당한 도덕적 판단이 이루어질 수는 없다. 다측면적인 도구들을 가지고 맥락과 감정을 고려하면서 반성적 균형점을 찾아가야 한다. 도덕 판단이라는 저울은 균형이 잡힐 때까지 계속 흔들릴 것이다. 그러다 우리들의 탐구와 숙고가 합당성에 가까워질수록 안정을 찾으면서 균형을 잡게 될 것이다. 결국 도덕 판단이란 구체적인 맥락에서 반성적 균형을 잡는 일이다.

하지만 반성적 균형으로서 얻은 도덕 판단이 절대적인 정답일 수는 없다. 왜냐하면 그것은 최선의 것이라고 판단된 것으로 오류가

가능하기 때문이다. 또한 그것은 어떤 고유한 맥락에서의 최선이었으므로 시간적·공간적 제약을 가진다. 그러므로 우리들의 도덕적 판단은 잠정적인 결론에 지나지 않는다. 그것을 절대적이라고 하거나 보편적인 것으로 간주하여 모든 사람과 모든 상황에 강요할 수 없으며, 완전한 것으로 보존할 수는 없다. 결국 합당성을 유지하기 위해서 우리들의 모든 도덕적 덕목과 표준들, 가치와 원칙들은 항상 탐구에 열려 있어야 한다. 반성적 균형을 찾는 데 방해가 되지 않도록 언제든지 변형되거나 수정할 준비를 하고 있어야 한다. 한마디로 반성적 균형을 찾는 과정은 열려 있는 탐구여야 한다. 열리지 않고서는 진정한 의미의 반성적 균형이란 없다. 만약 균형을 잡고 있더라도 그것은 주입된 균형이며 강제된 균형일 뿐이다. 이런 면에서 도덕 판단을 이미 정해진 덕목의 정당성을 판단한다든지 자기가 내린 주장을 정당화하기 위한 제한적인 개념으로 한정할 수는 없다. 도덕 수업 시간에 아이들이 가장 황당해하는 것은 정직이라는 주어진 덕목아래서 일정한 갈등사태를 주고 거기서 선택을 하게 할 때이다. 아이들은 판단할 필요가 없다. 왜냐하면 정직해야 한다는 뻔한 정답을 아이들 역시 이미 알고 있기 때문이다.

　물론 탐구의 과정에 관련되는 표준적인 덕목이나 가치들이 다양하게 제시될 수 있다. 그것 없이 탐구나 숙고가 일어날 수는 없다. 하지만 도덕적 사회화라는 측면에서 일정한 덕목이나 가치를 좀 더 주입하거나 강조하려고 한다면 그것은 오히려 균형의 객관성을 희석시키는 일이다. 모든 덕목이나 가치들은 공정하게 제시되어야 한다. 그래서 주어진 모든 가치들을 의심하고 비판할 수 있어야 한다. 이런 열린 시각은 좀 더 다양한 입장과 관점을 볼 수 있도록 해 주며 맥락을 객관적으로 바라보게 하면서 우리가 빠질 수 있는 독단이나 편견으로부터 우리를 보호해 줄 것이다. 종합해 보면 합당성을 중심으로 하는 도덕 판단이란 반성적 균형을 찾기 위한 열린 탐구에서 얻어지는 결과이다. 즉 반성적 균형을 목표로 한다.


## 3) 다측면적 사고와 성향을 통한 도덕 판단


반성적 균형은 쉽게 얻어지기 어렵다. 그래서 다양한 지지대들이 필요하다. 지지대가 많으면 많을수록 균형을 잡기가 쉬워지기 때문이다. 립맨의 다측면적 합당성 개념은 이런 측면에서 매우 소중한 지지대가 되어 준다. 그러므로 도덕 판단을 위한 탐구와 숙고의 과정에서는 비판적이고 창의적이고 배려적인 측면이 고루 고려되어야 한다. 먼저 무엇보다도 도덕적인 기준, 특히 표준들과 원칙들을 가지고 자신의 도덕적 추론을 구성하고 검토하는 비판적 사고가 필요하다. 그래야 도덕 판단에서의 객관성을 확보할 수 있다. 사회의 변화로 인한 새로운 도덕적인 문제들에 대해서는 기존의 가치와 원칙들을 초월하여 새로운 가치 체계와 원칙들을 구성해 나가는 창의적 측면이 필요하다. 그래야 도덕 판단의 진화를 꾀할 수 있다. 또한 대상에 대한 관심을 바탕으로 가치를 따져 보고 감정이입을 통해 다른 사람들의 입장을 생각하는 배려적 측면 역시 도덕 판단에서 빼놓을 수 없다. 도덕 판단에서 배려적 측면은 더욱 중요하다. 배려적 측면의 핵심개념인 감정, 관심, 배려, 가치, 규범, 평가 등은 도덕의 맥락에서도 그대로 핵심개념들이기 때문이다.

특히 도덕 판단에 있어서 창의적 사고의 중요성은 좀 더 강조될 필요가 있다. 왜냐하면 그간 상상이라고 하는 인간의 정신활동은 감정과 함께 인간의 이성적 판단을 흐리게 하는 것으로 간주되어 왔기 때문이다. 하지만 도덕 판단에 있어서 상상력의 결핍은 도덕 판단의 적절성과 실천성을 떨어뜨린다. 다른 사람의 감정과 입장에 대한 상상이나 행위 결과에 대한 상상 없이 적절한 도덕 판단을 이룰 수는 없기 때문이다. 최근 도덕적 상상력의 중요성은 존슨(M. Johnson)을 중심으로 많은 학자들에 의해서 강조되고 있다. 듀이 역시 도덕 판단에서의 상상력을 중시하였다. 상상력이 있어야 좀 더 현명한 도덕적 판단을 할 수 있다. 특히 그는 도덕적 상상을 '공감적 투사(empathetic projection)'와 '하나의 상황이 가지는 여러 가능성들을 마음속에 그리기'의 두 가지 의미로 설명하였다. 이러한 상상력은 현실과 가능의 세상을 넘나들면서 우리들의 관심을 확장한다. 가능한 것에 비추어 실제적인 것을 바라보는 능력이며 현재와 과거와 미래가 공존하도록 하면서 우리의 관점을 확장한다. 도덕 판단을 위한 숙고란 드라마의 리허설(dramatic rehearsal) 같은 것으로 상상력 없이는 제대로 이루어질 수 없는 것이다.[184]

물론 비판적·창의적·배려적 측면들은 도덕 판단의 과정 속에서 상호작용하면서 합당성을 이끈다.

---

[184] 박재주, "도덕적 상상을 기르는 도덕교육", 『초등도덕과교육』제11집, 초등도덕과교육학회, 2006. pp.12-17.

도덕적인 이해는 주로 상상을 통해 구성된다. 도덕적 상상은 전형적 구조, 의미론적 틀, 개념적 은유, 이야기를 가진 개념들이다. 도덕적인 민감성은 ……추론의 상상적 본질을 알아야 한다. ……그러므로 도덕적인 상상력을 길러야 하며, 새로운 가능성들을 마음속에 그려 보는 능력을 훈련해야 하며, 은유들, 전형들, 그리고 이야기들의 함축된 의미들을 상상을 통해 추적해야 한다.[185]

위의 말은 존슨(M. Johnson)이 도덕 판단에서 상상력이 중요하다는 점을 강조하면서 특히 도덕적 추론이라는 비판적 사고가 상징, 은유, 상상이라는 창의적 사고가 없이는 제대로 이루어질 수 없다는 것을 보여 주고 있다. 뿐만 아니라 그는 도덕감 중의 하나인 공감(empathy)에 대해서 다른 사람의 자리에 상상을 통해 자신을 투사하는 능력이라고 표현하고 있는데 이는 창의적 사고와 배려적 사고가 긴밀히 공조한다는 것을 보여 준다.

그러나 이러한 세 가지 측면이 단순히 사고력이라는 차원에서 머문다면 그것은 합당성을 획득하는 데에 한계가 있다. 왜냐하면 반성적 균형을 얻는 것은 일종의 균형에 대한 감각을 필요로 하기 때문이다. 아리스토텔레스의 중용은 일종의 감각이다. 립맨 역시 합당성을 미학적 관점에서 본다.[186] 이들은 모두 합당한 도덕적 판단을 위해서는 요소들 간의 조화로운 비율이 중요하다고 보는 것이다. 그런

---

185) T. Sprod, 앞의 책, p.53에서 재인용.
186) 박진환 역시 도덕 판단을 미학적 판단(aesthetic judgment)으로 보고 있다(박진환, "도덕적 판단의 미학적 성격", 경상대학교 국제지역연구원 학회 발표논문, 2004.).

데 이러한 비율적 감각은 사고력의 수준에서 쉽게 얻어지지는 않는
다. 세 가지의 측면이 성향으로 발전될 때 좀 더 가능성이 커진다.
성향이란 준비된 태도이다. 언제든 그렇게 할 수 있도록 갖춰져 있
는 것이다. 물론 이것은 지향을 담고 있다. 그렇게 하기를 원하는
것이다. 좀 더 발전이 되면 그렇게 하려고 마음먹지 않아도 그렇게
된다는 의미이다. 각각의 측면들을 단순히 기능적인 측면에서 활용
할 수 있는 것이 아니라 하나의 지속적인 성향으로서 가지고 있는
것이다. 비판적으로 사고할 수 있는 것을 넘어서 비판적이고자 한다.
창의적으로 혹은 배려적으로 사고할 수 있는 것을 넘어서 그렇게 하
고자 하는 것이다. 다측면적 사고가 기능을 넘어서 성향으로 정착될
때 반성적 균형의 감각이 더 적절하게 얻어진다는 것은 재론의 여지
가 없다.187) 물론 이를 위해서는 오랜 반복과 훈련이 필요하다. 스프
로드가 도덕 판단을 반성적 습관화(reflective habituation)로 본 것은
이런 맥락에서 이해할 수 있다.188) 결국 합당성을 중심으로 한 도덕
판단은 다측면적 사고와 성향을 통한 도덕 판단의 개념을 포괄한다.

---

187) 립맨은 물론 사고력을 강조하는 샵(A. Sharp)이나 폴(R. Paul), 에니스
(R. Ennis) 같은 이들은 모두 사고의 기능적 차원과 함께 성향을 매우
중시한다. 특히 폴과 에니스는 구체적인 성향의 목록을 제시하고 있다
(R. Paul 외, Critical thinking concept & tools, The Foundation for
Critical Thinking, 2001. p.13-14.; 김영정 외, 『비판적 사고의 이론적
토대와 그 활용에 대한 철학적 연구』, 서울대학교 철학사상연구소,
2003, pp.18-19.).
188) T. Sprod, 앞의 책, p.26.

# 4) 통합적 도덕성 관점에서의 도덕 판단

합당성 개념은 도덕성에 대한 통합적 관점을 제공한다. 도덕성의 세 가지 영역, 즉 인지적, 정의적, 행동적 영역을 통합적으로 바라보게 한다. 합당성 개념은 판단에 있어서 인지와 감정과 행동을 따로 떼어 놓지 않는다. 우선 인지와 감정을 연결한다. 감정이 단순하게 인간의 사고에 심리적 원인으로 작용된다는 것 이외에 감정 자체를 판단이라고 본다. 그러므로 감정의 합당성이 매우 중시된다. 뿐만 아니라 감정은 판단의 절차에도 작용한다. 민감성의 패턴과 방향과 정도를 제공한다. 앞에서 언급한 다마지오의 뇌손상 환자에 대한 임상관찰은 감정이 없이는 판단도 없다는 것을 보여 준다. 스프로드는 논리적인 논증마저도 그렇게 하고자 하는 마음이 없이는 추구될 수 없다고 하였다.[189] 엘진은 감정이 신념이나 주장에 대해서 일정한 태도를 가지게 한다고 하였다. 그녀는 이를 명제적 태도(propositional attitude)[190]라고 불렀다. 이러한 명제적 태도는 우리의 판단을 조절할 뿐 아니라 판단을 실행하는 데에도 아주 중요한 동기로서 작용한다. 물론 이 부분에서도 감정의 합당성은 중요하다. 왜냐하면 부적절한 감정은 부적절한 명제적 태도를 이끌면서 부적절한 판단과 행동을 이끌 것이기 때문이다. 이런 맥락에서 립맨은 도덕교육에는 반드시 감정교육이 포함되어야 한다고 주장한다. 어려서부터의 양육을 통해서는 물론 학교에서도 맥락에 맞는 감정과 표현방식, 이유가 적절한 감정과 표현방

---

189) T. Sprod, 앞의 책, p.62.
190) M. Lipman, 박진환 외 역, 『고차적 사고력 교육』, 인간사랑, 2005, p.175.

식, 다른 사람의 입장을 생각하는 감정과 표현방식에 대해서 배워야 한다는 것이다.

하지만 무엇보다도 립맨의 고유한 아이디어는 배려적 사고이다. 감정을 판단의 과정에서 기능하는 하나의 인식으로 본 것이다. 감정으로부터 촉발되는 관심이 판단의 과정에서 방향을 갖게 해 주고 초점을 맞추게 하면서 판단에 인식적인 작용을 한다는 것이다. 물론 이에 대해서는 논쟁의 여지가 많다. 립맨 역시 배려적 사고가 비판적 사고나 창의적 사고처럼 엄밀하지는 않다는 것을 인정한다.

배려적 사고가 추론이나 정의 내리기와 같이 좀 더 깊은 차원의 인식에 비해서 훑어보고 걸러내고 짐작하고 재어 보는 것과 같은 다소 분별하기 어려운 정신동작의 수준이기는 하지만…….191)

하지만 특히 도덕 판단에서 배려적 사고의 역할은 중요하다. 왜냐하면 그것은 가치의 요소를 담고 있기 때문이다. 만약 도덕 판단에서 가치나 가치평가를 제외시킨다면 그것은 "냉담하고, 무심하고, 무례하게" 될 소지가 있으며, 결국 "탐구에서 소중한 뭔가가 부족하게 될 것"이다.192) 그러므로 이론적인 측면에서 논쟁의 여지가 있다 하더라도 모든 도덕 판단이 그 본질에 있어서 가치라는 필터를 꼭 거쳐야 한다면 배려적 사고라는 개념은 충분히 의미 있는 일이라고 할 수 있다. 결국 도덕성의 인지적 측면과 정의적 측면을 동전의 양면

---

191) 위의 책, p.346.
192) 위의 책, p.347.

처럼 뗄 수 없는 것이다. 감정이나 가치의 문제가 결여된 도덕적 판단은 있을 수 없는 것이다.

판단과 행동의 연결고리 역시 합당성 개념에서 찾을 수 있다. 그간 도덕 판단교육이 받아 온 비판 중에서 가장 큰 것은 앎이 곧 행동이 되지는 않는데 도덕 판단교육을 주장하는 이들은 도덕 판단능력이 곧 도덕적 행동이 된다고 단순하게 생각한다는 것이다. 물론 이런 비판은 도덕 판단을 도덕적인 지식이나 도덕적 추론으로 한정지어 생각한다면 옳다. 하지만 립맨의 합당성 개념은 도덕 판단을 그보다 포괄적으로 본다. 실행이 되어야 판단이 완성된다고 본다. 한 발 더 나아가 언어적 판단이 최소한의 판단이라면 그것을 행동으로 실천하는 것은 최대한의 판단이라고 하였다. 판단의 결과가 행동이라는 의미를 넘어서 행동 자체가 판단이라고 생각한 것이다. 이것은 일상에서도 우리가 흔히 경험하는 일이다. 우리가 구체적인 맥락에서 어떤 도덕적 판단을 하였는가 하는 것은 언어적 표현만으로 파악되지는 않는다. 우리의 미소, 표정 혹은 말없는 행동이나 움직임 등이 우리의 판단을 드러낸다. 어떤 경우에는 말보다는 그의 표정이나 행동을 통해 그의 판단을 좀 더 정확히 이해하기도 한다. 그러므로 도덕적 판단과 도덕적 행동을 굳이 떼어 놓을 필요는 없다. 특히 감정이 강조되는 합당성 개념에서 보면 감정은 방향과 신념과 태도와 의지를 결정하면서 판단의 실천적 동기를 강화시킨다. 냉동상태의 이성에 감정이 어떤 에너지를 줌으로써 움직이게 하는 것이다. 판단과 행동을 공고하게 묶어 주는 것은 이러한 감정적·정서적 고리들이다. 다측면적 성향도 일종의 감정적인 속성에서 출발한다.

하지만 무엇보다도 도덕 판단의 전제가 실천이라는 점을 상기할 때 판단과 행동의 통합은 좀 더 간명해진다. 도덕 판단을 실천적 개념으로 보는 한 인지와 감정과 행동을 따로 떼어서 생각할 수는 없다. 이론적인 맥락에서는 연구를 위해서 분리할 수 있겠지만 실천의 맥락에서 그것을 분리할 수는 없다. 생각 없이 행동할 수 있다고 생각하는 것은 인간을 스키너 식의 동물로 간주하면서 인식주체로서의 인간의 위치를 격하시키는 것이다. 행동 없이 생각한다는 것은 그 생각에 진정성이 없다는 것을 의미한다. 만약 실천으로 연결되지 않는 판단을 내렸다면 그것은 실천적 합당성이 없었거나 다측면적 고려가 없었던 것이다. 한마디로 합당한 판단이 아니다. 지혜가 아니라 지식의 차원인 것이다. 이런 점에서 소크라테스의 지행합일의 지는 단순한 지가 아니라 깨달음이다. 깨달음은 세 가지 측면의 도덕성이 통합적으로 고려되어야 얻어진다. 이런 수준에서 판단이 이루어진다면 그 판단의 내용이 단순히 도덕 시험지에서 답을 고르거나 수업 시간에 다짐을 말하는 수준에서 벗어나서 행동을 적극적으로 표현하게 될 것이다. 전인적인 차원에서 좀 더 진정성 있게 판단이 일어나는 것이다. 결국 합당성 개념을 중심으로 한 도덕 판단의 개념은 인지와 정의와 행동을 통합하는 도덕 판단의 개념이다.


## 5) 이분법을 포괄하는 도덕 판단

도덕교육이 가진 커다란 문제 중의 하나는 이분법적 논쟁들이다.

이성과 감정, 주관과 객관, 특수와 보편, 개인과 공동체, 내용과 형식 등이 그 대표적인 이분법들이다. 하지만 이러한 이분법적 요소들은 모두 합당성을 구성하는 중심적인 요소들이다. 서로 상호작용하면서 합당성을 높여 준다. 합당성 안에서 모두 포괄된다.

합당성은 이성과 감정 모두를 고려한다. 우선 이성에 바탕을 둔 합리성을 존중한다. 논리적인 추론, 평가원칙들, 내용으로서의 표준들을 가지고 판단한다. 합당성은 조절된 합리성이다. 비판적 측면은 대개 합리적인 특징을 가지고 있다. 하지만 맥락에 따라서 혹은 감정에 따라서 그 합리성은 유연하게 변형된다. 감정에 대해서 고려하고 감정이 주는 민감성과 방향성을 받아들인다. 이성이 없어도 감정이 없어도 합당성은 얻어질 수 없다.

합당성은 주관과 객관 모두를 중시한다. 단순한 모방이나 순종 혹은 주입이나 억압으로 인한 추종을 거부한다. 인식주체로서 개인의 주관성에 주목한다. 창의적 측면의 독창성과 독자성을 중시한다. 하지만 그러한 독자성이나 독창성에 기준이 없는 것은 아니다. 비판적 측면, 배려적 측면 혹은 실천적 차원에서 검토된다. 특히 공동체적 합당성은 각자의 주관성이 다른 공동체 구성원들의 검토 속에서 객관성을 갖도록 돕는다. 주관성도 객관성도 모두 합당성을 이루는 중요한 요소이다.

합당성은 특수와 보편 모두를 중시한다. 맥락을 중시하고 감정을 중시한다. 실천적인 맥락이 가지고 있는 특수성을 중요시한다. 사람에 따라 천차만별인 감정 혹은 정서적 상태를 배려한다. 특수한 것들을 분류해서 하나의 카테고리로 묶는 것이 가지고 올 수 있는 선입견이나 편견과 같은 성급한 일반화의 오류를 경계한다. 특수를 특수로서 인정한다. 하지만 그러한 특수가 적절한 기준을 가진 것인지 반성해 보게 하고, 다른 사람의 입장에서 혹은 나와 다른 관점에서 어떻게 보일 지에 대해서도 고민하게 한다. 보편의 입장에서 특수를 점검해 본다. 특수성에 대한 고려나 보편성에 대한 고려 없이 합당성을 이룰 수는 없다.

합당성은 개인과 공동체 모두를 중시한다. 우선 개인을 중시한다. 개별성과 개인의 판단 모두를 존중한다. 인식 주체로서 그리고 공동체의 구성원으로서의 개인의 합당성에 주목한다. 하지만 그에 못지 않게 공동체가 개인에게 주는 영향을 중시한다. 그러므로 공동체 자체도 중시한다. 공동체의 합당성이 갖추어져 있어야 개인의 합당성이 좀 더 쉽게 획득될 수 있기 때문이다. 롤즈가 공정한 합의가 이루어지는 데 사회구조를 중요시한 것도 이 때문이다. 역으로 개인의 합당성이 높아져야 공동체의 합당성이 좀 더 쉽게 획득될 수 있기 때문이다. 굳이 개인과 공동체를 떼어 놓으려고 하지 않는다. 어떤 개인도 진공 속에 존재할 수는 없기 때문이다.

합당성은 내용과 형식을 모두 필요로 한다. 우선 내용을 중시한다. 아이들이 도덕적인 판단을 하기 위해서 가져야 할 기초적인 덕목이나 가치 혹은 규범들을 중시한다. 맥락도 필요하다. 판단을 하는 데 필요한 고려사항으로서의 다양한 정보들이 필요하다. 사실적 정보들도 필요하고 규범적 정보들도 필요하다. 하지만 그런 내용만으로는 합당성을 얻을 수 없다. 구체적인 맥락에서의 도덕 판단은 낱낱의 정보들로는 해결되지 않는 복잡성과 복합성이 있기 때문이다. 그러므로 그들의 관계를 만들고 조직해야 한다. 그러기 위해서는 정보를 조직하고 처리하는 절차를 알아야 하고 절차에 필요한 기준, 즉 절차적 기준들을 알아야 하고, 또 그 절차에 필요한 도구들에 대해 알고 또 활용할 수 있어야 한다. 합리적 도구로서의 논리는 물론 대안, 가설, 결과, 일반화, 유추 등과 같은 다측면적 도구들, 즉 형식이 필요하다. 이런 도구들이 없이 내용은 합당성을 가질 수 없다.

그러므로 합당성의 개념은 이성과 감정, 주관과 객관, 특수와 보편, 개인과 공동체, 내용과 형식이 서로 배타적이지 않다. 상보적이거나 상호작용을 하거나 통합적이다. 어떤 방식으로든 각각의 요소들이 포괄된다.

합당성을 핵심으로 한 도덕 판단에 대한 지금까지의 논의를 종합해 보면 합당성은 도덕 판단의 규제적 이상이다. 다시 말해서 도덕 판단은 합당성을 목표로 하며 합당성을 기준으로 한다. 도덕 판단은 실천을 전제로 하기 때문이다. 그러므로 인간의 세 가지 도덕성, 즉 인지와 정의와 행동의 도덕성을 따로 구별하지 않는다. 통합적인 인격의 차원에서 그들을 통합하면서 한꺼번에 고려한다. 이 세 가지 도덕성이 연대하지 않고는 실천의 진정성과 적절성을 확보할 수 없기 때문이다. 또한 실천을 위한 반성적 균형을 얻기 위해서 다측면적 사고와 성향을 가지고 표준과 맥락을 고려한다. 내용적 측면에서 표준과 맥락과 감정을 고려해야 하며 절차적 측면에서 비판적·창의적 배려적 사고와 성향을 필요로 한다. 즉 표준, 맥락, 감정, 주체성, 다측면적 사고와 성향 등, 다차원적 고려가 필요하다. 따라서 도덕 판단이란 '도덕적인 실천의 맥락에서 다차원적인 탐구를 통해 반성적 균형을 얻는 것'이다. 간단히 말해 '다차원적 실천지혜(multidimensional practical wisdom)를 얻는 것'이다. 단순히 주어진 덕목이 정당한지, 나의 추론이 정당한지를 판단하는 것이 아니다. 그러므로 합당성을 핵심개념으로 해서 도덕 판단을 한다는 것은 기존의 도덕 판단의 개념들, 즉 단순히 덕목의 대입이나 도덕적 추론을 확장하는 포괄적인 개념이며 다차원적인 개념이다. 따라서 구체적인 실천의 맥락이 갖는 복잡성과 복합성을 고려해야 하는 도덕 판단의 본질에 좀 더 적합한 개념이다. 결국 립맨의 합당성 개념은 기존의 도덕 판단개념이 갖고 있는 협소함을 극복하면서 새로운 도덕 판단을 이끄는 핵심 개념으로 적절한 것이다.


# 2. 철학적 탐구공동체를 활용한 접근법


합당성을 핵심개념으로 도덕 판단을 교육한다는 것은 아이들에게 도덕적인 문제에 대한 다차원적 실천지혜를 갖도록 하는 것이다. 이제 문제는 이러한 개념을 현장에서 적절하게 구현하는 접근법을 구상해 보는 일이다. 여기에서는 새로운 도덕 판단교육의 접근법으로서 철학적 탐구공동체가 갖는 의미를 분석해 보고자 한다. 왜냐하면 합당성을 구현하는 데 있어서 최적의 접근법은 철학적 탐구공동체이기 때문이다.

앞에서 철학적 탐구공동체가 갖는 교육적 함의들을 알아보았다.

철학적 탐구공동체는 우선 심리적으로 인지적으로 열려 있는 장이다. 절대적인 정답을 찾기보다는 자기 이해와 판단을 중시하기 때문에 구성원들이 자신을 마음껏 드러내면서 주체적인 판단을 얻을 수 있다. 또한 그러한 과정에 필요한 질문과 주제가 있고 그것을 해결하는 데 필요한 다양한 고려사항들이 드러남은 물론 도덕적 탐구에 필수적인 다측면적 사고와 성향들을 반복적으로 체험할 수 있는 장이다. 이러한 접근 속에서 구성원은 반성적 균형을 찾아가는 감각을 다차원적으로 키워 나가는 것이다. 합당한 판단을 위한 심리적·인지적·실천적 생태를 구성한다.

그렇다면 이러한 철학적 탐구공동체의 접근법적 특징들은 도덕 판단교육이라는 관점에서 보면 어떤 의미를 지니는가. 그리고 그것은 과연 앞에서 살펴본 도덕 판단교육의 접근이 가지고 있는 여러 문제들, 특히 판단에 필요한 적절한 도구와 절차에 대한 안내 없이 주어지는 딜레마 토론, 덕목을 중심으로 진정성 없이 이루어지는 판단, 그리고 도덕 판단을 인지적 접근으로만 간주하여 정의적 접근과 행동적 접근과의 유기적인 관계없이 이루어지는 판단, 특히 그 중요성에도 불구하고 간과되고 있는 아이들을 위한 도덕 판단교육 등의 문제점들을 극복할 수 있는가. 그를 위해서 먼저 철학적 탐구공동체가 도덕 판단교육의 접근법으로서 어떤 의미를 가지는지 파악해 보고자 한다.

# 1) 인격적 차원의 접근법

철학적 탐구공동체에서는 자기의 감정과 신념 혹은 주장이 통합되어 나의 말과 표정과 행동의 차원으로 드러난다. 단순히 나의 앎이 드러나는 것이 아니라 나의 감정과 실천들이 드러나면서 나의 인격이 드러난다. 물론 그런 드러냄은 강요된 것이 아니다. 앎에 대한 열정을 북돋워 주는 흥미 있는 교재와 주제는 물론 나의 오류를 인정하는 나 자신과 교사 그리고 친구들의 존재가 '나'를 자연스럽게 드러내도록 분위기를 조성한다. 특히 교사의 허용적 태도는 '나'를 드러내는 데 결정적인 역할을 한다. 교사는 어떤 것이든 물어보도록 허용하며 모든 구성원들의 이야기를 이해하려고 한다. 쉽게 교사 자신의 기준으로 평가하려고 하지 않는다. 편하게 구성원들의 감정과 의견들을 내놓도록 한다. 교실이 배려적 공동체가 되는 것이다. 따라서 아이들은 실수하거나 틀릴까 봐 겁낼 필요가 없다. 또한 다양한 다측면적 사고기술들과 성향들이 나를 드러내는 도구들이 되어 준다. 드러나지 않던 생각의 어떤 부분들이 '예 들기'라는 도구를 통해서 드러나고 '가설 세우기'라는 도구를 통해서 외부로 드러난다. 탐구공동체 속에서 내가 드러나면서 '나'와 조우하게 된다. 내가 어떤 사람인지 알게 되고 내가 어떤 점에서 부족한지 알게 된다.

인격적인 자신과의 만남이라는 문제는 현재 도덕교육 현장에서 매우 절실한 일이다. 아이들에게 자신에 대해서 이야기해 보라고 하면 아주 어려워한다. 자신이 무엇을 좋아하는지 뭐가 되고 싶은지 어떤 사람인지에 대해서 잘 모르고 또 그에 대해서 별 관심도 없어 보이는 듯하다. 생각해 본 적이 없고 진지하게 물어본 사람도 없다고 하였다. 자신이 누구인지 모르면서 자발적 승인이나 주체적인 변용을 도모하면서 자신을 키울 수는 없다. 샵 역시 윤리 교육의 첫걸음은 자아인식이라고 하였다. 자기에 대한 관심과 이해가 있어야 그를 바탕으로 상상과 유비를 통해서 다른 사람을 이해한다는 것이다.[193]

　물론 철학적 탐구공동체 안에서 진정한 모습을 드러내는 것은 나만이 아니다. 다른 구성원 역시 스스로를 드러내기 때문에 철학적 탐구공동체에서는 진정한 인격의 타자들과 조우할 수 있다. 도덕적 탐구는 다른 분야와 달리 대부분 다른 사람들과의 관계에서 발생한다. 듀이가 탐구를 '유기체-환경시스템에서 그들 간의 상호작용(transaction)'이라고 했다면 도덕적 탐구는 '유기체-유기체 시스템에서 그들 간의 상호작용'이라고 할 수 있다. 구성원들은 탐구공동체 안에서 다양한 인격들을 만나면서 진정한 대인감수성을 가지게 된다. 인간에 대한 이해를 넓힌다. 나의 꿈이 있다면 다른 사람에게도 그리고 모든 사람에게도 꿈이 있다는 것을 '느끼게' 된다. 내가 행복하길 바라듯이 다른 사람들 또한 그럴 것이라는 것을 '깨닫는다.' 이러한 타인에 대한 조우와 깨달음을 통해 도덕적인 문제에서 좀 더 합당한 판단을 이끌어 낼 수 있다. 그러한 합당한 판단을 나의 도덕적 표준으로 삼으며, 또한 합당한 판단을 이끌어 내는 절차적인 도덕적 능력을 향상시켜 나가면서 인격적 차원의 도덕성을 키워 나간다. 이것은 도덕적 인격을 정의나 인지나 행동으로 나누어서 교육하고자 하는 시도가 갖지 못하는 총체성과 힘을 갖는다.

---

193) A. Sharp 외, *Teaching for Better Thinking*, Melbourne: ACER, 1995, pp.164-167.

철학적 탐구공동체가 많이 받는 오해 중의 하나는 이 접근이 판단을 중심으로 아이들의 논리적 추론능력을 기르는 데 집중하는 것이 아니냐 하는 점이다. 그런 점에서 인격교육적 측면을 무시한다는 것이다. 물론 이러한 비판은 판단을 단순히 인지적이고 논리적인 것으로 환원하려는 인식을 깔고 있다. 또한 철학적 탐구공동체가 지향하는 것을 논리적인 추론능력으로 한정하고 있다. 하지만 합당한 도덕 판단이라고 하는 것은 전인격적 차원에서 일어나는 것이다. "철학적 탐구공동체는 도덕적 가치를 생활화하는 데 적절한 환경"[194]이라는 샵의 말처럼 도덕적 인지는 물론 감정과 실천이 모두 연습되는 '생활경험(lived experience)'[195]의 장이다. 리코나의 정의대로 도덕적인 인격을 도덕적 지·정·행의 통합적 구성이라고 본다면 철학적 탐구공동체는 아이들의 도덕적 판단이 전인격적 차원에서 일어나도록 조성해 주는 인격교육의 장이다. 단순히 인지적인 수준의 논리적인 판단을 연습하는 곳이 아니다. 립맨 역시 철학적 탐구공동체가 인격교육을 위한 접근이라는 점을 강조한다.[196] 판단을 인격의 표현이라고 생각하며 철학적 탐구공동체를 그러한 판단을 기르기 위한 적절한 인지적 생태로서 강조한 그에게 있어서 이러한 인식은 당연한 귀결이라고 볼 수 있다. 인격을 바탕으로 하지 않은 판단이 실천적 합당성을 가질 수는 없다. 절차적 합리성이나 목적적 합리성을 가질 수 있을지언정 말이다. 합당성이 삶의 질을 결정하는 규제적 이상이

---

194) 위의 책, p.180.
195) 위의 책, p.164.
196) M. Lipman 외, 서울교대 철학연구동문회 편역, 『어린이를 위한 철학교육』, 서광사, 1986, p.129.

라면 더욱더 그렇다.


## 2) 의사소통적 윤리탐구의 접근법


철학적 탐구공동체 속에서는 윤리적 탐구가 활발하게 조장된다. 왜냐하면 도덕적인 덕목을 자명한 것으로 간주하지 않기 때문이다. 덕목들은 좀 더 보증되고 통용되는 가설들이다. 따라서 그것은 구체적인 맥락 속에서 다시 검토되어 재구성되어야 한다.[197] 더구나 어른들에게는 자명해 보이는 것들도 아이들에게는 의문투성이일 수 있다. 그러므로 어른에게 자명해 보인다고 해서 그것을 그대로 아이들에게 권고한다는 것은 아이들의 입장에서 보면 매우 당황스러운 일이다. 따라서 철학적 탐구공동체에서는 덕목의 자명함을 설득하고 권고하고 타이르는 활동에 시간을 보내지 않는다. 덕목이나 원리를 제시함으로써 아이들의 탐구를 원천봉쇄하는 것이 아니라 그것들에 심사숙고를 자극하고 허락함으로써 아이들의 탐구를 조장한다. 그러므로 아이들은 덕목에 대해 질문을 제기하고 그에 대해 토론을 하면서 덕목의 개념과 정당성과 활용에 대해서 구체적인 맥락 속에서 탐구해 나간다. 다른 친구들은 어떤 것을 궁금해하고 주제에 대해 어떤 생각을 하는지에 대해서 귀 기울이면서 그들과 함께 자신의 의견을 조율해 나가고 도덕적인 문제에 대한 주체적인 판단력을 키워 나

---

197) 박재주, "도덕적 상상을 기르는 도덕교육", 『초등 도덕과 교육』제11집, 초등도덕과교육학회, 2006. p.8.

간다. 공동체 속에서의 의사소통을 통해서 도덕적 덕목이나 가치들의 의미를 스스로 발견하고 그 가치를 깨닫게 되는 것이다. 이때의 교실은 하나의 '도덕적 공동체 실험실'이 된다. 덕목이나 가치를 이리 저리 해부해 보기도 하고 이런 변인과 저런 변인들과 함께 섞어 보기도 하고 이런 관점에서 보고 저런 관점에서도 보면서 도덕적 가치들이 가진 가설적 측면들을 검사하는 것이다. 이는 덕목을 단순히 하나의 지식으로서 듣고 아는 것과는 다르다. 특히 립맨은 윤리탐구의 기초로서 언어적인 문자해득능력(verbal literacy)과 함께 도덕적인 문자해득능력(moral literacy)의 중요성을 강조하였다.[198] 복잡하고 복합적인 구조를 가진 구체적인 현실의 문제들이 담긴 글을 읽고 그것을 이해하는 능력과 그 속에서 도덕적인 개념들을 읽어 내는 능력이 없이는 도덕의 문제를 탐구하는 데 한계가 있기 때문이다. 이러한 언어적 문자해득능력과 도덕적 문자해득능력을 공동체 속에서의 탐구를 통해 얻어 가면서 윤리적 탐구에 필요한 공동체적 이해와 표준과 기준들을 익혀 나가는 것이다.

탐구는 대개 아이들의 질문에서 시작된다. 아이들은 도덕적인 상황이 담긴 간단한 에피소드나 이야기를 함께 읽고 그 상황에서 문제가 되는 덕목이나 가치가 무엇인지 자유롭게 발견해 낸다. 그리고 그것에 대해서 다양한 질문들을 만들어 낸다. 질문이 무엇인가에 따라서 그를 해결하기 위한 탐구가 진행된다. 질문의 유형에 따라서 탐구의 유형이 결정되고 탐구의 유형에 따라서 토론의 절차가 진행

---

198) M. Lipman, 한국철학교육아카데미 옮김, 『도덕적 판단－'나의 친구 보임이' 교사용 지도서』, 한국철학교육아카데미 출판부, 1999. p. ii.

되어 간다. 질문이 "사랑이 뭐예요?", "거짓말은 항상 나쁜 건가요?" 같은 개념의 의미를 묻는 질문이면 개념 탐구를 위해 활동이 진행된다. 아이들은 주제 개념이 가진 구체적인 사례들을 탐색하고 그들의 공통적인 속성들을 들추어내면서 궁금해하던 개념에 대해 자신들이 발견한 의미를 구축한다. 물론 여기서 끝날 수도 있지만 그러한 개념을 좀 더 명료화하기 위해서 유사 개념들과의 차이가 탐색되기도 할 것이다. 그러면서 다소 애매모호하거나 자의적이던 각자의 개념들이 보다 보편적이고 객관적인 개념이 되어 나갈 것이다. 만약 질문이 "친구들에게 왕따를 당하지 않으려면 어떻게 해야 되나요?"와 같이 도덕적인 문제에 대한 해결을 궁금해하는 질문이라면, 그 문제의 원인을 분석하고 그에 따라 대안적 가설을 세워 보고 그것들을 하나하나 검토하면서 가장 합당한 대안을 선택하는 절차를 밟을 것이다. "아무도 없는 복도에서도 좌측통행을 해야 할까?"와 같은 신념, 즉 가치명제에 대한 탐구에 대해서는 그에 대한 찬성과 반대의견 각각이 가질 수 있는 근거와 장단점들을 밝혀 가면서 자신들의 탐구를 진행시킬 것이다. 또한 콜버그식의 딜레마 상황에서 어떤 선택을 내려야 하는지와 같은 의사결정 탐구도 일어날 수 있다. "엄마와의 약속을 지켜야 할까, 아니면 친구와의 우정을 지켜야 할까?"에 대해서 아이들은 각각의 선택지들이 가진 결과를 탐색하고 관련된 사람들의 입장과 관점을 고려하면서 탐구를 전개해 나갈 것이다.

그렇다고 이런 탐구의 절차들이 하나의 알고리즘으로 일정하게 원칙적으로 부과되어서는 안 된다. 왜냐하면 철학적 탐구공동체는 아이들의 탐구가 흘러가는 대로 자연스럽게 진행되는 것을 중시하기 때문이다. 따라서 일정한 판단을 이끌어 내야 한다는 강박관념으로 절차를 고정시킬 필요는 없다. 탐구의 원활한 진행을 위해서 교사가 이러한 절차에 대해서 알고 준비하는 것은 바람직하지만 아이들의 자연스런 흐름을 방해하면서까지 그 절차를 밟을 필요는 없다.

물론 위와 같은 의사소통적 윤리탐구가 보장되는 것은 철학적 탐구공동체가 가지고 있는 심리적·인지적 특징 때문이다. 서로에 대한 존중과 신뢰와 개방을 바탕으로 심리적으로 편안하면서도 인지적으로 함께 존중하고 공유하는 도구들과 성향들이 있기 때문이다. 그래서 서로의 인격이 드러나고 존중되면서 탐구가 진정성 있게 일어나는 것이다. 따라서 철학적 탐구공동체는 아이들의 탐구를 열고 진행시키고 그 답을 찾아가는 과정에 대한 세심한 배려가 있는 장이라고 할 수 있다. 립맨은 이 때문에 철학적 탐구공동체를 아이들의 탐구를 세심히 보호하는 장(場)으로서 병원의 중환자실에 비유하였다.


## 3) 포괄적 접근법

철학적 탐구공동체에서 이루어지는 도덕 판단은 덕목에 대한 판단이나 덕목에 의한 판단 혹은 원리나 형식에 의한 판단에 한정되지 않는다. 도덕적 개념이나 문제에 대한 자기 이해와 자기비판과 자기 구성을 얻는 것이며, 그러한 자기 판단을 바탕으로 도덕적 문제에 대한 다차원적 실천지혜를 얻는 것이다. 따라서 철학적 탐구공동체는 도덕 판단교육을 좀 더 포괄적인 개념 위에서 실행할 수 있도록 해 준다. 때문에 접근법에 있어서도 기존의 이분법적 접근들이 함께 포괄적으로 이루어질 수 있게 해 준다. 사실 그간의 접근법들은 도덕에 대한 이분법적 논쟁을 바탕으로 다양한 갈등을 일으켜 왔다. 예를 들면 인지적 접근, 정의적 접근, 행동적 접근이라는 것도 그렇고 자율성을 위한 접근과 사회화 접근, 내용적 접근과 형식적 접근과 같은 이분법들도 존재한다. 물론 각각의 접근이 배타적으로 오직 하나의 접근만을 표방하는 것은 아닐 것이다. 그것은 그럴 수가 없는 일이다. 어떤 점에 좀 더 집중한다는 의미일 것이다. 그런 점에서 각각 나누어져서 강조되고 있는 현재의 모형들은 모두 가치가 있다. 하지만 철학적 탐구공동체 속에서는 그러한 모형들이 포괄적으로 녹아 들어갈 수 있다.

우선 철학적 탐구공동체에서는 내용적 접근과 형식적 접근이 모두 도모되는 접근법이다. 중요한 덕목들이 거론된다. 단순히 판단력을 키워야 한다는 가정하에 판단의 형식만을 중시하지 않는다. 판단의 내용이나 표준으로서의 덕목이나 가치를 중시한다. 그것들에 대한 바른 이해가 없이는 판단의 토대를 잃기 때문이다. 하지만 단순한 수용을 위한 활동이 아니라 깊이 있는 이해를 위한 적극적인 탐구가 일어난다. 덕목이나 표준에 대해서 질문하고 따져 본다. 그러한 덕목들이 도덕적 갈등 상황에서 충돌하는 것을 조정하고 조절하면서 덕목들에 대한 이해를 좀 더 공고하게 한다. 물론 이때 이해와 해결의 과정 그리고 판단의 방향이 미리 단일한 정답으로서 정해져 있지 않기 때문에 그 방향을 찾기 위한 절차와 그 절차에 쓰이는 다측면적 도구들이 중시된다. 내용적 접근과 형식적 접근이 모두 도모되는 것이다.

또한 철학적 탐구공동체에서는 현재의 인격교육적 접근이 가진 장점이 발휘될 수 있는 접근법이다. 규범이나 덕목 혹은 다측면적 도구들이 바람직한 것으로 안내가 되지만 그것은 전수이기보다는 그러한 규범이나 성향을 보여 주는 교사 혹은 다측면적인 사고를 적절하게 유감없이 발휘하는 교사를 모델로 해서 그 가치를 인정받는다. 그리고 그러한 모델을 제대로 보여 줄 수 있는 심리적·인지적·실천적 생태로서의 환경을 중시한다. 또한 이상적인 탐구공동체 환경으로서의 이야기가 주로 교재로 사용된다. 자기 또래의 아이들이 자신들의 생활을 중심으로 벌이는 대화와 문제해결의 과정들이 그려진다. 물론 정해진 교재일 필요는 없다. 철학적 탐구공동체에서는 구성원들의 가지고 있는 생생한 경험과 일화들을 바탕으로 토론이 이루어지기도 한다. 현재 인격교육에서 강조하는 장점들이 활용될 수 있는 것이다.

철학적 탐구공동체에서는 인지적 접근과 정의적 접근과 행동적 접근을 동시에 작용한다. 대화와 토론을 중시하는데 이것은 논리와 비판적 사고라는 합리적인 도구들에 의해서 진행된다. 하지만 그것만큼 감정도 중시된다. 상상과 유비를 통해 감정이입이 일어나고 다른 사람의 입장을 이해하면서 배려와 존중이 실천된다. 이러한 배려와 존중 자체가 하나의 판단이면서 이것을 바탕으로 좀 더 합당한 결론이나 합의가 이루어지도록 권장된다. 철학적 탐구공동체는 인지와 감정과 실천이 한데 엮이는 포괄적 접근의 장이다.

철학적 탐구공동체에서는 자율성(autonomy) 함양과 사회화(socialization)를 굳이 이분하여 생각할 필요가 없다. 아이들을 사회의 가치와 관행에 일치시키려고 하지도 않으며, 그렇다고 해서 사회의 가치와 관행으로부터 해방시키려고 하지도 않는다. 탐구공동체는 자기 이해와 자기 판단을 중시한다. 따라서 자율적 선택과 판단을 중시한다. 하지만 그것은 공동체 속에서 공동체와 더불어 일어난다. 공동체 안에는 사회의 가치가 어떤 형태로든 스며 있다. 그 속에서 아이들은 사회가 바람직하다고 느끼는 일정한 덕목이나 가치들과 마주치게 되며 그들에 대해서 공동체적 반성을 거친다. 그러면서 어떤 강요나 주입 없이 각자의 자발적인 승인이 이루어진다. 상호주관성을 토대로 자연스런 자율적 사회화가 이루어지는 것이다. 싱어(P. Singer)는 어느 한 사람의 주관적인 소망이 윤리적 판단의 올바른 기초를 구축한다는 견해와 보편적인 도덕적 진리는 "우주의 직물 속에 짜여 있다."는 견해를 동시에 부정한다.[199] 도덕성을 사회적 산물만으로도 혹은 자율적 산물만으로도 보지 않으려는 것이다. 자발적인 승인, 즉 주체성 없이 주어지는 덕목이나 규범은 인격이 될 수 없다. 그것은 사람의 진정성을 해치면서 각자 도덕적인 가면을 쓰게 한다. 그러나 사회적 규범이나 가치를 무시한 채 자신의 자율적인 판단만을 맹신하는 파괴적인 주관주의 역시 경계하여야 한다. 이런 측면에서 철학적 탐구공동체에서 얻어지는 것은 자율성과 사회성이 통합된 일종의 '사회적 자율성'이라고 할 수 있다.

뿐만 아니라 철학적 탐구공동체는 민주시민교육이 이루어지는 접근법이다. 합당한 개인의 도덕적 인격뿐 아니라 공동체 구성원으로서의 자질도 키워 나갈 수 있기 때문이다. 특히 민주시민이 가져야 할 의사소통능력과 합의의 능력을 키워 나가게 된다. 철학적 탐구공동체에서는 협동적 사고가 일어난다. 공동체적 병렬분산처리가 일어

---

199) A. Sharp 외, *Teaching for Better Thinking*, Melbourne: ACER, 1995, p.166에서 재인용.

나는 것이다. 그러면서 좀 더 나은 공동체적 판단, 즉 합의를 향해 간다. 합의 능력은 민주시민으로서 가져야 할 필수적인 자질이다. 또한 철학적 탐구공동체는 민주시민이 가져야 할 또 다른 자질인 개방적 태도를 기를 수 있는 장이다. 공동체 속에는 나와 다른 다양한 생각들이 있기 때문에 구성원들은 다양성과 조우하면서 다름에 대한 포용과 조절을 습관화할 수 있다. 이러한 다양함에 대한 개방적 태도는 민주시민의 필수적인 자질이다. 특히 최근 우리나라에는 외국인 거주자가 급속하게 늘어 가고 있으며, 국제결혼이 빈번해지고 있다. 뿐만 아니라 탈북자들이 점점 늘어 가고 있다. 다양한 가치와 문화들이 한반도에 섞이고 있다. 굳이 외국에 나가지 않더라도 여러 나라 사람들과 문화를 접하게 된 것이다. 이런 가운데 유엔은 한국이 지나치게 단일민족을 내세우고 있다고 비난하였다. 이런 비난이 아니더라도 이제 다름이나 다양함에 익숙해질 필요가 있다. 우리가 삶의 양식으로 받아들이고 있는 민주주의가 다양성을 기반으로 한 것이기 때문이다. 그런데 어려서부터 철학적 탐구공동체를 접한 아이들은 자연스럽게 다양성을 받아들이고 조절하는 감각을 갖게 된다. 또한 최근 우리나라는 왕따 문제가 심각해지고 있다. 왕따의 원인은 여러 가지일 수 있지만 그 근저에는 대개 다름에 대한 배척이나 경멸이 자리잡고 있다. 이런 상황에서 철학적 탐구공동체 접근은 하나의 처방이 될 수 있다. 현재 여러 나라에서 온 이민자들로 구성된 호주에서는 다양성 속에서의 조화를 위해서 철학적 탐구공동체를 적극적으로 교육의 장에 활용하고 있는데 최근의 보고에 의하면 학력은 물론 왕따현상까지도 줄고 있다고 한다. 결국 철학적 탐구공동체는 개방성을 중심으로 다름과 다양성을 인정하면서 함께 의사소통하고 합의할 줄 하는 민주시민을 기르는 교육의 장을 제공하는 것이다. 이러한 능력은 세계화라는 거역할 수 있는 흐름 속에서 매우 중요한 능력이다.

## 4) 어린이를 위한 접근법

철학적 탐구공동체는 어린 아이들에게도 도덕 판단교육을 가능하게 한다. 철학적 탐구공동체는 '철학함'이라는 철학에 대한 정의를 바탕으로 한 어린이 철학을 중심으로 하고 있기 때문이다. 그러므로 철학적 탐구공동체가 가진 전제 중의 하나는 호기심과 탐구심으로 가득 찬 아이들이야말로 최고의 철학자라는 것이다. 어린이들의 의미에 대한 갈구는 매우 왕성하다. 아이들은 그 답을 찾고자 끊임없이 질문하고 탐색한다. 그러므로 질문과 그에 대한 탐구를 중심으로 하는 철학적 탐구공동체에서는 어린이들이야말로 매우 훌륭한 구성원인 것이다. 철학적 탐구공동체는 아이들에게 세상에 대한 질문을 계속적으로 자극함으로써 아이들의 질문이 퇴색되지 않도록 지속시켜 주고 그 답을 합당하게 찾을 수 있는 방법들을 보여 주고 실행하게 해 준다. 뿐만 아니라 아이들의 풍부한 상상력은 철학적 탐구공동체 속에서 좀 더 왕성해지고 또 적절성을 갖게 된다.

더욱이 철학적 탐구공동체는 합당성을 규제적 이상으로 하고 있다. 완성된 정답만을 요구하지 않는다. 그러므로 아이들의 다소 거칠고 조야한 의견들 역시 존중된다. 그래서 아이들은 자신들의 짧은 경험을 바탕으로 주제에 대한 자신의 감정과 생각들을 맘껏 내어 놓는다. 그들이 가진 작은 담론들이 그 자체로서 가치 있게 받아들여진다. 엄격한 기준이나 이상적인 표준을 가지고 판단하지 않는다. 아이들은 철학적 탐구공동체 속에서 자기를 들여다보고 드러내고 그를 통해서 타자와 함께 판단력을 키워 나간다. 아이들이 내리는 모든 순간의 판단이 항상 옳은 것은 아니고 허점이 있는 것이지만 중요한 것은 좋은 판단을 만드는 데 필요한 고려사항과 도구와 절차들을 공동체 내에서 보고 배우고 수정해 가면서 자연스럽게 누적적으로 익혀 나가게 된다는 점이다. 자의적 개념이 객관적 개념이 되는 것을 반복적으로 익히는 것이다. 그러므로 아이들은 철학적 탐구공동체 안에서 어려서부터 실천적 합당성과 다측면적 합당성 그리고 공동체적 합당성을 지속적으로 자연스럽게 익히게 된다. 반성적 습관화를 갖게 되는 것이다. 도덕교육에서 습관화는 매우 중요한 일이다. 인격은 상태이며 그것에 영향을 주는 판단력은 총제적인 감각의 문제이기 때문이다.

이런 중요성에도 불구하고 그간 도덕적 사고나 판단력 교육에서 아이들은 소외당해 왔다. 그런 소외의 배경에는 아이들은 경험이 부족하기 때문에 적절한 판단을 내릴 수 없다는 아리스토텔레스식의 인식과 아이들은 좀 더 성숙한 도덕 판단의 기초가 되는 가역적 사고와 상호성이 결핍되어 있기 때문에 추상적이고 보편적인 생각을 할 수 없으며 역할채택이 불가능하다는 피아제식의 인식이 깔려 있다. 하지만 철학적 탐구공동체는 아이들 역시 추상적·논리적·가역적 사고가 가능하다고 생각한다. 립맨을 중심으로 한 어린이 철학연구가들과 실행가들의 연구와 실험은 이것을 보여 준다. 특히 매튜스(G. Matthews)의 실천적인 연구는 오랜 기간 실제 아이들과의 대화를 통해 이루어졌는데 그의 보고에는 아이들의 생각이 얼마나 풍부한 추론을 바탕으로 가역적일 수 있는지를 보여 준다.[200] 실험과 통계에 의한 과학적인 양적 연구가 주지 못하는 실천적 진정성을 그의 연구는 세밀하게 사실로서 보여 주고 있다. 물론 아이들은 어른에 비해서 경험이 적고, 추상적·가역적 사고가 어른처럼 치밀하지 못하다. 그렇다고 도덕 판단교육이 불가능한 것은 아니다. 비고츠키가 강조했듯이 아이들의 잠재적인 능력을 불러일으킬 수 있는 세심하고 계획적인 스케폴딩이 주어지면 아이들도 충분히 단계를 차근차근 밟아 가면서 도덕적인 사고를 향상시켜 나갈 수 있다.

이런 점에서 IAPC는 유치원 과정부터 고등학교 과정에 이르는 체계적이고 지속적인 프로그램과 교재를 계발해 놓고 있다.[201] 유치원 아이들을 위한 교재와 프로그램은 주로 탐구에 기본이 되는 질문연습을 바탕으로 공통점 차이점 찾기와 분류하기 등이 연습문제나 활동, 게임의 방식으로 이루어지며 특히 구체적인 지각과 경험을 중심으로 한다. 이러한 활동이나 게임이 자연스럽게 토론으로 이어지도록 하고 있다.(Doll Hospital) 초등 저학년 역시 본격적인 토론보다는 연습활동이 더 많이 이루어진다.(Elfie) 아이들의 일상적인 언어에 대한 탐색이 이루어지며 동화와 시 등을 많이 활용한다. 그리고 이유

---

200) G. Matthews, 서울교대 철학연구동문회 편역, 『어린이와 함께 하는 철학』, 서광사, 1987.

201) M. Lipman, *Getting Our Thoughts-Manual to Accomany ELFIE,*, IAPC University Press of America, 1988, 서문 pp.3-4.

대기와 구별을 강조하고 표준화 문장이나 벤 다이어그램 같은 기초적인 논리연습이 이루어진다. 중학년에서는 주로 비교와 비유를 중심으로 의미를 이해하고 해석하는 연습이 이루어진다.(Pixie, Gio & Gus) 고학년에서는 좀 더 전문적인 판단을 위한 이해와 해석을 목적으로 다양한 추론이 다루어지고 논리적인 측면이 부각된다.(Harry, Nous) 모든 연령을 통틀어 다양한 도덕적 개념들을 주제로 활동이 이루어지는데 연령이 높아짐에 따라서 경험의 변화와 확대에 따른 수준과 종류가 다르게 제시되고 있다.202)

철학적 탐구공동체는 그 본질에 있어 아이들에게 우호적이다. 게다가 그를 바탕으로 아이들의 연령에 맞게 어린이 철학교육 프로그램이 구성돼 있기 때문에 아이들은 그 안에서 좀 더 합당하게 교육을 받을 수 있는 것이다. 이러한 프로그램을 우리들의 도덕 판단교육에 그대로 활용할 수는 없지만 도덕 판단교육을 좀 더 어려서부터 체계적이고 지속적으로 실시하는 데 필요한 수준이나 단계 설정에 이 프로그램이 참고가 될 수 있다.

지금까지의 논의를 정리하면 철학적 탐구공동체는 도덕 판단교육을 위한 인격교육적 차원의 접근이며 도덕 판단에 대한 포괄적인 개념을 바탕으로 기존의 이분법들이 포괄되는 접근법이다. 또한 의사소통적 윤리탐구가 촉진되는 접근법이며 어린이를 위한 도덕 판단교육이 실행될 수 있는 '윤리적 탐구공동체'의 장이다. 따라서 철학적 탐구공동체는 기존의 접근법이 가지고 있는 한계를 극복하면서 합당

---

202) IAPC의 교재(Doll Hospital, Elfie, Gio & Gus, Pixie, Harry, Nous)를 분석하여 정리함.

성 개념을 핵심으로 하는 다차원적 실천지혜를 키워 나갈 수 있는 새로운 도덕 판단교육을 위한 접근법으로서 적절하다고 볼 수 있다.


# 3. 도덕 판단교육을 위한 시사점


합당성 개념을 바탕으로 한 도덕 판단의 새로운 개념과 그 구현을 위한 접근법으로서의 철학적 탐구공동체는 총체적인 도덕 판단교육의 기획에 있어서 다음과 같은 점을 시사한다.

첫째, 초등학교에서의 도덕 판단교육을 좀 더 강화할 필요가 있다는 것이다. 현재 초등 도덕과 교육과정은 초등교육에서는 도덕 판단교육에 관한 한 기초를 닦도록 되어 있다. 그러면서 주로 덕목에 대한 판단과 덕목에 의한 판단을 주로 하고 있다. 특히 저학년에서는 주로 도덕적인 규범을 실천하고 습관화하는 것에 초점을 두고 있다. 물론 이러한 교육은 도덕 판단의 기초를 이루는 데 매우 중요하다. 하지만 도덕 판단을 합당하게 이루는 데는 부족한 점이 있다. 어리면 어린 대로 아이들이 도덕적인 문제를 찾아보고 자기들 나름대로 의견을 말하면서 탐구하는 연습을 할 수 있도록 교육과정이 도덕 판단교육에 좀 더 수용적일 필요가 있다. 그래서 도덕적인 개념에 대한 이해와 문제해결을 위한 결정이나 선택을 좀 더 어린 나이에서 경험할 수 있도록 교재나 활동이 구성되어야 한다. 그래야 도덕 판단의 경험이 지속성을 가지고 아이들의 내부에 자리하면서 하나의 인격으로서 자리할 수 있기 때문이다. 어리다는 이유로 일정기간 아이들에게 외부의 것을 받아들이는 데 길들여지도록 한다는 것은 일시적으로 아이들을 우리가 원하는 통상적인 담론의 세상에 이끈 것으로 보일 수 있겠지만 좀 더 장기적인 안목에서 보면 그것은 오히려 아이들을 세상과 단절시키고 자신들을 숨기게 하면서 적절한 성장을 가로막는 것이 되기 싶다. 도덕 판단이 하나의 반성적 습관이 되고 성향이 되어야 하고 감각이 되어야 한다면 그것은 어려서부터 지도가 되어야 하는 것이다. 특히 최근 심리학적 연구에 의하면 아이들의 생각을 결정하는 뇌의 구조는 대개 초등학교 시절에 가장 왕성하게 구성된다고 한다. 그러므로 뇌의 구조가 가장 왕성한 시기에 아이들의 생각을 묶어 놓는다는 것은 바람직한 일이 아니다.

우리가 아이들에게 바라는 도덕적 판단이 완전한 정답은 아니다. 그것은 어른에게도 어려운 일이다. 아이들은 아이들 나름의 경험과 감정과 사고능력을 가지고 판단하면 된다. 그리고 그것을 키울 수 있도록 도우면 되는 것이다. 만약 아이들이 균형을 잡아 가면서 흔들린다면 그것은 우리가 인내해야 할 일이다. 그런 처음을 거치지 않고는 누구도 합당한 균형을 잡아 가지 못하기 때문이다. 아이들에게 수학을 가르치고 수학적 사고를 가르치는 것은 아이들에게 그런 것을 완벽하게 받아들일 능력이 있어서가 아니라 그것이 그들에게 필요하기 때문이며 적절하게 주어지면 아이들도 충분히 그것을 이해하고 받아들일 수 있기 때문이다. 도덕적인 사고도 판단도 마찬가지이다. 특히 아이들 역시 매일매일 도덕적인 문제에 부딪힌다. 그 모든 것에 대해서 교사나 부모에게 물을 수는 없다. 스스로 판단해야 할 일들이 수두룩하다. 하지만 그런 모든 문제들이 선생님이 가르쳐 준 덕목을 그대로 대입하면 되는 문제가 아니다. 그러므로 아이들에게 도덕 판단교육이 미루어질 수 없는 이유는 단순히 아이가 미래의 언젠가 좀 더 합당한 판단을 할 수 있는 어른이 되기 위해서뿐만이 아니라 지금 당장 좀 더 적절한 판단을 해 내는 아이여야 하기 때문이다. 미래의 언젠가만을 위해서 필요한 것이 아니라 '지금 현재'를 위해서도 필요한 것이다.[203] 교실 층계에서 불장난을 하자고 종용하는 친구에게 내가 어떻게 해야 할지를 좀 더 숙고해서 판단하고 행동할 수 있도록 도와주어야 한다. 그것을 좀 더 주도적으로 실행할 수 있는 교과는 현재 도덕교과뿐이다. 그런데 도덕교과가 도덕 판단교육을 적극적으로 실행하지 않는다면 아이들은 이런 순간에 어떻게 해야 하는지에 대해서 배울 기회를 완전히 박탈당하는 것이다.

둘째, 인지와 정의와 행동적 도덕성을 분리해서 활동시키지 말라는 것이다. 물론 어떤 하나를 강조할 수는 있다. 도덕적인 맥락에 따라서 좀 더 중시되는 것이 있을 수 있기 때문이다. 하지만 그것은 미리 기획되어 아이들에게 부과되어야 할 것이 아니라 아이들이 구체적인 도덕적 맥락에서 고유의 합당성을 유지하고 확보하기 위해서 자신들의 논의 과정에서 스스로 찾아야 하는 비율의 문제이다. 그러므로 굳이 세 가지 도덕성을 분리할 필요가 없다. 분리된 제시는 오

---

[203] 이런 점에서 교육과정 역시 아이들의 미래만을 위해서가 아니라 아이들의 입장이나 상황의 '현재성'이 중시되어야 한다(박균열, 앞의 논문, p.85.).

히려 자연스런 아이들의 인지적·감정적·실천적 흐름을 막는다. 아이들의 집중력과 흥미를 떨어뜨리는 일이다. 그보다는 오히려 도덕적인 문제 사태에서 인지와 감정과 실천을 통합하고 그 비율을 조절하여 좀 더 적절한 판단을 만들어 내는 균형의 감각을 키워 주는 것이 적절하다. 그러므로 현재 하나의 덕목을 인지적 접근과 정의적 접근과 행동적 접근으로 각각 나누어 차시 구성하는 것은 반드시 재고가 되어야 한다.

셋째, 도덕적인 덕목이나 가치들이 절대적이라는 인상을 주어서는 안 된다. 물론 먼저 그들에 대한 깊이 있는 이해가 필요하다. 의미가 뭔지 왜 필요한지, 예를 들어 보면 어떤 것들이 있는지, 그런 것들이 없다면 어떤 결과가 올지, 오히려 해가 되는 경우는 없는지, 비슷한 개념에는 어떤 것들이 있는지, 어떤 것에 비유할 수 있는지 등 다각적인 각도에서의 구체적인 이해가 필요하다. 그리고 도덕적인 개념에 대해서 아이들이 비판할 수 있어야 하고 이의를 제기할 수 있어야 한다. 그러한 이의와 비판을 거쳐야 우리가 그들이 향유했으면 하는 덕목이나 가치들에 대해서 아이들이 좀 더 탄탄한 자기 이해를 얻을 수 있다. 그러므로 덕목이나 가치가 안내될 때 그것들이 강제로 주입되는 느낌을 아이들이 갖게 되어서는 안 된다. 또한 도덕적인 문제 사태에서의 해결 역시 일정한 방향으로 몰아서는 안 된다. 아이들이 다양한 고려사항들을 찾아서 그것을 통해서 합당한 판단을 찾아갈 수 있도록 허용해야 한다. 물론 아이들은 잘못 이해하기도 하고 잘못 판단하기도 한다. 이때 교사가 할 일은 너는 틀렸다 하고 그것을 즉시 시정하고 정답을 주는 것이 아니다. 아이들이 그런 판단을 하게 된 과정을 되짚으면서 그런 이해와 판단의 과정이 가지고 있는 오류를 찾아서 그 고리를 지적해 주고 아이들이 그것에 대해서 스스로 다시 숙고하게 해야 한다. 만약 아이들의 미숙함을 빌미로 실패와 수정의 기회를 주지 않는다면 아이들에게서 합당한 판단력을 키울 기회를 아예 박탈해 버리는 것이다. 누구도 그런 조악한 처음을 거치지 않고 세련됨을 얻을 수 없는데도 말이다.

넷째, 정답이 뻔한 질문으로 교사와 아이들을 당황시켜서는 안 된다. 단원명이 절제인데 절제와 무절제 상황을 주고 어떤 것이 좋은 것이냐, 너 같으면 어떻게 하겠느냐 식의 뻔한 질문을 해서는 안 된다. 특히 현행 7차 도덕과 교과서의 단원명에는 모두 덕목이 드러나도록 되어 있다. 그리고 그 안에 에피소드들이 있고 문제 상황이 제시되는데 교사용도서에 따르면 그 에피소드들이 어떤 규범에 대한 내용인지 혹은 제시된 문제 사태에 관련된 규범이 무엇인지를 묻도록 되어 있다. 매우 중요한 질문이다. 하지만 딴 짓을 하던 아이라도 그 질문에는 답할 수 있다. 단원명에 '정직한 생활'이라고 나와 있기 때문이다. 뿐만 아니라 도덕적 갈등 사태에서 어떤 선택을 해야 할지도 뻔한 일이다. 아이들은 어떻게 해야 선생님께 정답으로 인정받고 좋은 판단을 했다고 인정받는지 너무나 잘 안다. 단원명에 있는 대로 말하면 된다. 판단이 필요 없다. 나의 판단이 필요하다면 그것을 정당화하는 수준에서이다. 그것도 대부분 내 정당화가 아니라 교과서에 쓰여 있는 근거를 앵무새처럼 읊조리면 된다. 이런 활동 속에서 아이들이 진정한 도덕 판단력을 제대로 키울 리는 없다.

다섯째, 덕목들을 각자 분리해서 교육하지 않는 것이다. '정직'이나 '절제', '공정' 같은 덕목을 하나하나 이해하는 것은 우리가 그것의 사전적 의미를 이해하는 수준과 다르지 않다. 사전의 의미들은 보편적인 것이다. 틀리지는 않지만 구체적인 맥락 속에서는 별 힘을 발휘하지 못한다. 탈맥락적이기 때문에 그럴 수도 있고 구체적인 도덕적 맥락 속에 복잡하게 엮어 있는 다른 덕목이나 가치들과의 연관성을 파악하기 어렵기 때문이기도 하다. 모든 덕목들은 서로서로 유기적인 관계를 가지고 있다. 물론 보편적인 어떤 개념들을 가지고 있지만 구체적인 맥락 속에서는 다른 가치들과 만나서 일종의 화학반응을 일으킨다. 변형된다. 변형되어야 한다. 그래야 실천적 합당성을 가질 수 있기 때문이다. 그러므로 아이들은 덕목을 다른 덕목들과의 관계 속에서 이해해야 한다. 이를 위해서 할 수 있는 일은 현 7차 교육과정처럼 덕목 중심으로 단원을 설정하기 보다는 문제 중심으로 단원을 설정해 보는 일이다.

여섯째, 교재의 내용은 도덕적인 개념들이 녹아 있는 구체적인 맥락을 담고 있는 이야기여야 한다. 맥락 속에서 개념들을 이해하고 그를 통해서 구체적인 관심들과 질문들을 끌어낼 수 있기 때문이다. 특히 아이들의 생활 사태와 관련이 많은 것으로 해야 한다. 아이들이 주로 하는 도덕적 고민이나 갈등, 아이들의 생활에서 있음 직한 문제들을 중심으로 교과서의 에피소드가 제시될 필요가 있다. 만약 아이들의 연령을 배려해야 한다면 이런 점이 고려가 되어야 한다. 아이들의 경험과 관련 없는 것들은 '아이들'을 불러일으키지 못한다. 그럴 때의 아이들은 고유한 아이들이 아니라 그냥 보편적인 철수이고 영희일 뿐이다. 화석화된 아이들이다. 가끔 교과서를 대신해서 아이들의 실제 문제들을 가지고 수업을 하다 보면 활짝 깨어 있는 아이들의 눈망울과 진솔한 의견과 감정과 순수한 바람들과 마주친다. 아이들이 교과서나 위인이나 선생님의 이야기를 하는 것이 아니라 '자신'들의 이야기를 한다. 이러한 자신들이 드러나야 진정한 이해와 판단이 일고 행동이 인다.

일곱째, 감정교육의 차원이 좀 더 강화될 필요가 있다. 도덕 판단 교육에서뿐만 아니라 도덕교육 전반에 걸쳐 감정교육은 매우 중요하다. 특히 합당한 도덕 판단을 위해서는 감정이 매우 중요하다. 감정의 종류, 각각의 감정에 대한 이해, 감정을 읽는 법, 감정을 표현하는 법, 감정을 조절하는 법 등 감정에 대한 다양한 교육이 이루어질 필요가 있다. 현재 아이들이 알고 있는 감정의 용어들은 매우 한정적이다. 한정적인 용어만으로 나의 감정과 상대의 감정을 충분히 이해할 수는 없다. 그런 이해 없이 감정을 조절할 수는 없다. 그러므로 우선 다양한 감정에 대해서 알아야 한다. 감정교육을 가장 잘 할 수 있는 것은 이야기를 통해서이다. 이야기라는 맥락 속에서 감정이 표현되고 조절되는 것을 자연스럽게 볼 수 있어야 한다. 어떤 상황에서 어떤 감정들이 표현되는지 그것이 어떻게 조절되는지 보아야 한다는 것이다. 감정적 합당성은 합당한 판단을 위해 필수적이기 때문이다.

여덟째, 대화와 토론이 적극적으로 활성화되어야 한다. 주어진 주제를 통해 스스로 질문을 만들고 대화하고 토론할 수 있어야 한다. 대화의 차원은 자신을 내어 놓음의 차원이다. 아이들이 무슨 생각을 하는지 어떤 느낌을 가지고 있는지 표현할 수 있어야 한다. 아이들이 갖는 불평 중에 하나는 자신들을 있는 대로 귀담아들어 주는 사람이 없다는 것이다. 앞에서도 누누이 논의하였지만 진솔한 자기를 바탕으로 하지 않고는 합당한 도덕적 판단을 이룰 수는 없다. 또한 자신만 아니라 진솔하게 드러나는 다른 사람을 대할 수 있어야 한다. 이러한 진정한 인간관계가 바른 도덕적 판단의 밑거름이라는 사실은 재론의 여지가 없다. 토론은 대화와 달리 어떤 해결점을 찾아가는 것이다. 단순히 드러내는 것이 아니라 좀 더 나은 것을 찾아가는 것이다. 그래서 논리가 있고 기준이 있고 주장이 있고 반론이 있다. 우리가 보통 말하는 공동체적 도덕 판단이 이루어지는 것은 토론을 통해서이다. 토론에는 찬반토론도 있고 협동적인 협의도 있다. 질문이 무엇이냐에 따라서 개념판단을 위한 토론도 있고 의사결정을 위한 토론도 있고 문제해결을 위한 토론도 있다. 이러한 토론이 충분히 교실에서 일어날 수 있어야 한다. 교사들도 대부분 이에 대한 필요성을 절실히 느끼고 있다. 하지만 그들의 한결같은 아우성은 그럴 시간이 없다는 것이다. 가르칠 내용이 너무나 많다는 것이다. 그러므로 심도 깊은 대화나 토론을 위해서 내용을 대폭적으로 줄이는 것이 중요하다. 정초주의적 노파심에서 가르칠 것을 많이 만들어 놓는다고 아이들이 그것을 다 알게 되는 것이 아니다. 오히려 현재의 양과 접근법으로는 어느 것도 제대로 알게 하지 못하고 있다. 그러므로 좀 더 본질적이고 핵심적인 개념들을 토대로 아이들이 충분히 심사숙고할 시간을 주어야 한다. 그래서 아이들이 매시간 잠깐이든 길게든 대화하고 토론하면서 반성적 습관화를 정착시킬 수 있도록 해야 한다. 그래야 다차원적 실천지혜를 갖게 되는 것이다.

아홉째, 다측면적 사고와 성향을 기를 수 있도록 고려하여야 한다. 합당한 판단을 위해서는 꼭 필요하기 때문이다. 이러한 도구들에 대한 훈련 없이 탐구와 숙고의 장으로 아이들을 넣는 것은 아무런 무기 없이 아이들을 전쟁터로 내보는 것과 다르지 않다. 그런데도 더러는 그러한 도구들을 적절하게 훈련시키지 않았으면서 아이들은 탐구하거나 숙고할 능력이 없는 것으로 진단하기도 한다. 자의적인 개념이 객관적 개념이 될 수 있는 방법을 알려 주지 않고 자의적 개념이 가진 결함을 지적하는 것이다. 물론 현 교육과정에서도 판단을 중시하고 있지만 판단을 이루는 데 필수적인 다측면적 사고와 성향을 제대로 가르치는 데 필요한 내용과 시간은 제대로 할애하지 않고 있다. 심각한 아이러니이다. 아이들에게 멋진 판단을 기대하면서 그것을 이루는 방법과 도구를 주지 않듯이 교사들에게 아이들이 판단을 잘 하도록 가르치라고 하면서 그를 위해서 무엇을 어떻게 언제 해야 하는지에 대해서는 침묵하는 것이다. 그러므로 아이들이 가져야 할 도덕적인 덕목 리스트를 작성하는 데 있어서 정직이니 절제니 하는 내용적 측면뿐만이 아니라 도덕 판단을 이루는 데 필요한 절차적인 측면의 도덕성들도 함께 고려하는 것이다. 그래서 학년별로 꼭 필요한 사고와 성향을 단원으로 설정해서 아이들이 그 이름이라도 들어 보고 연습해 보도록 하는 일이다. 리코나도 절차적인 지식으로 이런 점을 강조하였다. 만약 가르칠 것이 차고 넘쳐서 그럴 수 없다면 그 대안으로 다측면적 사고와 성향들이 교사용 지도서에 소개가 되고 교사들이 교실에서의 대화나 토론에서 그런 사고와 성향을 보일 수 있고 또 안내할 수 있도록 연수를 해야 한다. 도덕적인 문제를 탐구하고 숙고하는 과정에서 그저 잘 생각해 봐라 하고 아이들

각자의 타고난 판단능력에 맡긴다는 것은 도덕 판단교육을 포기하는 일이다. 잘 생각해 보라고 하는 대신에 예를 들어 보라든지 대안을 세워 보라든지 가설을 세워 보라든지 비교를 해 보라든지 귀납추리를 해 보라든지 하면서 논의의 과정에 맞게 아이들의 생각을 좀 더 분명하게 이끌 수 있어야 한다. 또한 아이들이 자신들의 생각과 감정과 행동을 스스로 검토해 볼 수 있도록 기준들과 평가원칙들을 안내할 수 있어야 한다. 이런 기준들이 제시되지 않고서는 아이들이 좀 더 나은 판단, 좀 더 합당한 균형점을 찾아가는 기준을 얻을 수는 없다. 물론 가장 바람직한 일은 아이들에게 독립적으로 가르치는 일이지만 사실 그것은 도덕교육이 짊어질 문제는 아니다. 그러므로 적어도 교사가 아이들의 도덕적 탐구를 이끄는 과정에서 다측면적 사고와 성향을 보여 주고 안내할 수 있어야 한다. 그 정도로 해서 제대로 된 사고와 성향을 기르기는 턱없는 일이지만 그나마라도 하지 않으면 아이들의 도덕 판단능력에 필수적인 다측면적 사고와 성향을 기르는 일은 좀 더 요원해지는 일이다.

# VI

## 도덕 판단교육의 또 다른 지평

　현재 아이들은 도덕교육이라는 장에서 소외당하고 있다. 거대담론이 정해 놓은 덕목들과 신념들이 산처럼 버티고 서서 아이들을 위축시키고 있기 때문이다. 그래서 아이들은 자기를 드러내지 않고 교사가 주는 가치와 덕목에 대한 안내를 '그냥' 듣는다. 하지만 '자기'를 드러내지 않으면서 학교에서 공부한 것을 자기의 삶에 연결시킬 수는 없다.

　이런 책임의 상당부분은 도덕교육을 하는 사람들에게 있다고 생각한다. 우리들이 아이들에게 뭔가 중요한 기회를 박탈했기 때문이다. 아이들이 '자신'을 데려와 키울 수 있는 심리적·인지적 학습의 장을 우리가 마련해 주지 못하였다. 그 속에서 세상과 사람과 삶과 자신이 조우하는 경험, 그를 통해 의미를 발견해 나가는 경험, 그를 통해 새로운 문제 속에서 판단을 해 내는 경험, 그 경험 속의 실패와 좌절 그리고 작은 성취들을 우리가 소중하게 배려하지 않았기 때문이다. 거대담론에서 아직 헤어 나오지 못하면서 아이들이 가진 작은 담론들을 무시하고 있는 것이다.

　하지만 다른 교육활동 분야에서는 몰라도 도덕 판단을 위한 교육활동에서는 적어도 아이들이 자신들의 고민을 드러내고 자신들의 생각을 이야기할 수 있어야 한다. 도덕이 진정으로 아이들의 삶을 걱정하고 배려하는 것이라면 그리고 그런 아이들로 이루어진 도덕적인 사회를 위한 것이라면 단순히 아이들이 덕목을 몇 가지 안다는 것으로 그런 것이 이루어지지 않는다는 것을 깨달아야 한다. 그런 주입은 오히려 아이들을 도덕적 냉소주의로 내몰 뿐이다. 그렇다고 어떤 가치도 주지 말자는 이야기가 아니다. 그건 있을 수도 없는 일이다. 표준은 필수적인 것이기 때문이다. 그러므로 주되 그 주는 과정에 아이들을 함께 참여시키자는 것이다. 그래서 그것이 아이들의 것이 되게 하자는 것이다. 그리고 자기 삶의 문제들을 드러내고 그것에 대해 이야기하면서 어떻게 문제를 바라보아야 하는지 어떤 고려사항들이 있는지 어떤 것이 중요한지에 대해서 이해하고 판단하는 경험을 갖게 하자는 것이다. 그래서 자신들의 생각이나 판단이 뭔가를 구성해 내고 수정해 내고 보완해 나가는 데 필요하다는 것을 느끼게 해 주어야 한다. 그래야 아이들은 자신을 소중하게 생각하고, 자신의 생각을 소중하게 생각하고, 자신의 행동을 소중하게 생각한다. 그리고 그를 바탕으로 다른 사람을 소중하게 생각하고 또 관계를 소중하게 생각하면서 도덕성을 탄탄하게 키워 나간다.

이 글은 교사로서 오랫동안 느껴 온 이런 문제의식과 부끄러움, 그리고 포기할 수 없는 갈망에서 출발하였다. 도덕 판단에 대해서 우리가 어떤 개념을 가져야 위의 소망들이 가능해지는지, 그리고 어떤 접근이 도모되어야 가능해지는지 하나의 새로운 대안을 그려 보고자 한 것이다. 그리고 그에 대한 가능성을 립맨의 합당성 개념에서 찾고자 하였다. 이제 본 연구를 마무리하면서 립맨의 합당성 개념을 핵심으로 하는 도덕 판단교육의 모습과 그 의미를 정리해 보고 몇 가지 제언을 첨가하고자 한다.

# 1. 다차원적 실천지혜를 위한 도덕 판단교육

　　도덕교육이 도덕적인 인격을 기르는 교육이라면 도덕 판단교육은 매우 중요해진다. 도덕 판단에 대한 능력이 없이 도덕적인 인격을 갖춘 사람이 될 수는 없기 때문이다. 하지만 그러한 중요성에도 불구하고 그간 우리나라의 도덕 판단교육은 그에 걸맞게 주목받지 못하였고 제대로 실행되지 못하였다. 그 이유는 무엇보다도 도덕 판단 개념이 지나치게 협소하였기 때문이다. 콜버그와 헤어의 영향 아래 보편적 원칙과 형식을 중심으로 한 합리적 추론능력이라는 매우 한정적인 개념이 지배적이었으며, 덕목중심의 교육과정 구성에 따라 덕목에 대한 판단·덕목에 의한 판단이 중심이 되어 왔다. 이러한 개념의 부적절성은 도덕 판단교육의 패러다임 전반에 영향을 주면서 접근법 또한 부적절하게 하였다. 도덕적 사고력 신장을 위해서 주로 사용된 콜버그의 딜레마 토론은 합리적인 도덕적 정당화에 집중하였고 특히 도덕적 추론에 필요한 적절한 도구와 기준과 절차에 대한 안내 없이 실행되었다. 덕목을 중심으로 한 판단연습 역시 답이 이미 주어져 있는 진정성 없는 판단연습을 유도하였다. 또한 제7차 도덕과 교육과정은 통합적인 접근을 표방하고 있음에도 불구하고 인지적 접근과 정의적 접근과 행동적 접근을 차시별로 따로따로 풀어놓는 산술적인 통합에 그치고 있다. 또 하나 중요한 한계는 아이들의 도덕 판단교육에 대한 중요성을 간과하고 있다는 점이다. 특히 아리스토텔레스가 말하는 경험부족과 피아제가 말하는 추상적 사고의 결여 때문에 아이들을 위한 도덕 판단교육은 제대로 연구되지도 않고 기획되지도 않고 실행되지도 않고 있다. 따라서 아이들에게는 도덕적 판단에 필요한 '자기 이해'도 별로 없고 '자기 판단'의 절차나 도구도 없다. 도덕 판단능력에 대한 요청이 날로 커지고 있는 현실을 감안할 때 정말 안타까운 일이다. 그러므로 그런 요청에 부응할 수 있는 새로운 도덕 판단교육이 필요하다. 특히 핵심이 되는 도덕 판단에 대한 개념을 제대로 잡는 일이 무엇보다도 중요하다. 본인은 그를 위해서 립맨의 합당성 개념에 주목하였다.

립맨의 합당성은 실천적 판단의 영역에 있는 개념이다. 이론적 판단의 영역에서는 합리성이 핵심이 될 수도 있지만 실천적 영역에서는 합리적 판단만으로는 실천의 적절성을 확보할 수 없다. 왜냐하면 대부분의 실천적 문제들, 특히 사람과 관련된 문제들은 매우 개별적이고 특수하고 복합적이기 때문이다. 따라서 실천적 맥락에서 판단을 제대로 하기 위해서는 합리성보다는 그 합리성을 뛰어넘는 '적절함'이라는 감각이 필요하다. 립맨은 이 '적절함'을 합당성(reasonableness)이라고 하였다. 결국 실천적 판단은 합당해야 한다는 의미이다. 합당성이 실천적 판단의 규제적 이상인 셈이다. 그런데 여기서 '적절함'이라는 의미는 상황에 딱 맞는 완벽한 답이라는 의미도 아니고 그렇다고 답이 없다는 의미도 아니다. 구체적인 실천적 맥락이 갖는 개별성이나 특수성을 인정하기 때문에 절대적인 정답은 없지만 그렇다고 해서 이래도 좋고 저래도 좋은 게 아니라 뭔가 그 맥락에서 찾을 수 있는 '보다 적절한 최선의 것'이 있다는 의미이다. 그래서 합당한 판단을 내리기 위해서는 숙고와 선택이라는 탐구의 과정이 필요하다.

이런 면에서 합당성 개념은 아리스토텔레스의 실천적 지혜를 통한 중용이나 롤즈의 반성적 균형의 개념과 많은 부분이 닮아 있다. 이들은 모두 이성적·보편적 원리에 의해서만 해결될 수 없는 실천의 맥락에서 보다 나은 것을 지향하고 있기 때문이다. 이런 맥락에서 합당성 개념은 정초주의와 반정초주의의 사이 길이라는 인식론적 입장을 가진 것으로 해석될 수 있다. 왜냐하면 실천적 맥락이 가지고 있는 개별성과 특수성을 인정한다는 점에서 반정초주의적 입장을, 그러나 무조건 상대적이기보다는 주어진 여건하에서 좀 더 객관적인 최선의 것을 찾고자 한다는 점에서 정초주의적 입장을 가진 것으로 볼 수 있기 때문이다.

실천성을 얻기 위해서 합당성은 무엇보다도 맥락을 중시한다. 왜냐하면 맥락이 없는 진공상태에서의 실천이란 있을 수 없기 때문이다. 또한 주체성을 중시한다. 자기 이해를 바탕으로 한 자기 판단이 아니고서는 실천력을 확보하기가 힘들기 때문이다. 이러한 실천적 합당성은 다양한 인식도구들을 활용한 탐구와 숙고를 통해서 얻어진다. 기준과 표준을 가지고 대상에 대한 이해와 판단을 구성하고 반성하는 비판적 사고와 성향의 도구들, 기존의 표준이나 기준의 울타리를 벗어남으로써 우리들의 인식을 확장시키고 새로운 난제들을 해결해 주는 창의적 사고와 성향의 도구들, 감정과 가치를 고려하는 배려적 사고와 성향의 도구들, 이 세 가지의 다측면적인 인식도구들이 숙고의 과정 속에서 역동적으로 함께 작용하면서 보다 합당한 판단을 만들어 내는 것이다. 특히 합당성은 공동체에서 다른 사람들과 함께 탐구될 때 더욱 합당해질 수 있다. 왜냐하면 개인이 가진 한계와 오류를 공동체의 다른 구성원들이 보완해 줄 수 있기 때문이다.

　　결국 합당성은 개인적 판단이든 공동체적 판단이든 '실천적 맥락'
에서 모든 판단이 가져야 할 '규제적 이상'으로서 '다측면성'과 '공동
체성'을 통해 맥락의 특수성과 판단의 객관성을 동시에 포괄하는 '반
성적 균형의 상태'라고 볼 수 있다. 합당성에 대한 이러한 이해를 바
탕으로 할 때 도덕 판단의 개념은 다음과 같이 재구성되어야 한다.

　　첫째, 실천적 맥락을 전제로 한 도덕 판단이다. 도덕 판단은 실천
적 맥락에서 이루어지는 판단이다. 아이들의 구체적인 경험에서 시
작해야 하며 실천적 합당성을 갖도록 맥락에 대한 고려와 아이들의
주체적 이해와 판단을 중시하여야 한다.

　　둘째, 반성적 균형을 목표로 하는 도덕 판단이다. 그러므로 탐구
와 숙고가 필수적이다. 구체적인 실천의 맥락에 맞도록 다양한 사항
들을 고려하면서 반성적 균형점을 찾는 것이다. 그런데 그렇게 해서
찾은 우리의 답이나 판단 혹은 신념이 절대성을 가질 수는 없다. 그
것은 그 맥락에서 가진 균형점이었으며 그 또한 오류가 가능하기 때
문이다. 그래서 모든 판단이나 신념은 열려 있어야 한다. 그리고 계
속적인 검토가 필요하다. 탐구와 숙고가 계속되어야 한다. 그것은 우
리가 현재 우리의 담론 속에서 기대고 있는 표준으로서의 지식이나
가치 혹은 신념 혹은 원칙들에 대해서도 마찬가지이다. 오류가능성
에 기반을 둔 겸허한 자세 없이는 누구도 합당성을 이룰 수 없다.

　　셋째, 다측면적 사고와 성향을 통한 도덕 판단이다. 기준과 표준
을 가지고 반성하는 비판적 사고와 성향, 도전하고 확장하고자 하는
창의적 사고와 성향, 관심을 가지고 감정과 가치를 고려하는 배려적
사고와 성향이 골고루 동시에 고려되어야 한다.

넷째, 통합적 도덕성의 관점에서 이루어지는 도덕 판단이다. 굳이 인지와 정의와 행동을 따로 구별할 필요가 없다. 합당한 도덕 판단을 위해서 세 가지 측면의 도덕성이 영향을 주고 또 영향을 받는다. 그러므로 도덕 판단은 단순히 도덕적 인지의 영역이 아니라 도덕적 인격의 차원에서 일어나야 한다. 판단이 통합적인 인격의 차원에서 이루어지지 않는 한 그것은 실천의 동기력이나 진정성을 확보할 수 없다. 물론 여기서의 인격이란 도덕성의 세 가지 측면이 통합되었다는 의미의 단순한 인격이 아니라 실존적 자아가 투사된 인격을 말한다. 타자의 생각이나 감정이나 판단이 아닌 자신의 생각과 감정과 판단을 가진 좀 더 진솔한 의미의 실존적·철학적 인격을 말한다. 이런 경우에 도덕 판단은 주체적인 인격에 의해서 이루어진다. 자기 이해를 바탕으로 한 자기 판단을 갖는 것이다. 이러한 주체적 인격에 의하지 않은 판단은 거짓된 판단이다. 실천력을 가질 수 없다. 판단이 실천을 끌지 못하는 것이 아니라 그 판단이 인격적 차원에서 일어난 것이 아니기 때문이다.

다섯째, 도덕에 대한 이분법적 개념들이 포괄되는 도덕 판단이다. 기존의 이분법인 이성과 감정, 주관과 객관, 특수와 보편, 개인과 공동체, 내용과 형식을 모두 포괄한다. 도덕 판단이 합당해지기 위해서는 이 이분법적 요소들이 모두 고려되어야 한다. 이것들이 서로 상호작용하지 않고는 합당성의 질이 높을 수 없다.

종합해 보면 합당성 개념을 바탕으로 한 도덕 판단개념은 '도덕적 실천의 맥락에서 다차원적인 탐구를 통해 반성적 균형을 얻는 것'이다. 한마디로 '다차원적 실천 지혜를 얻는 것'이다. 단순히 덕목이나 추론의 정당성만을 판단하는 것이 아니다. 그러므로 립맨의 합당성 개념을 핵심으로 한 도덕 판단개념은 기존의 협소한 도덕 판단개념을 포괄하고 확장하면서 실천적이라는 도덕 판단의 본질에 보다 적절하다고 볼 수 있다. 결국 새로운 도덕 판단교육을 이끄는 적절한 대안적 개념이 될 수 있는 것이다. 그러므로 본인은 합당성 개념을 중심으로 도덕 판단에 대한 개념이 이해되고 그에 의해서 새로운 도덕 판단교육의 패러다임이 구성될 수 있어야 한다고 생각한다.

또한 합당성 개념을 핵심으로 하는 도덕 판단의 개념, 즉 다차원적 실천지혜를 얻는 데 효과적인 철학적 탐구공동체가 도덕 판단교육의 장에서 적극적으로 활용될 수 있어야 한다. 그동안 우리의 도덕 판단교육은 정답을 미리 정해 놓고 판단해 보게 하는 진정성 없는 것이었다. 또한 도덕 판단을 인지적 측면의 한 부분으로 간주하면서 콜버그의 딜레마 추리 같은 다소 한정적인 인지적 접근법을 활용하여 왔다. 특히 인지적 접근과 정의적 접근, 행동적 접근을 차시별로 나누어 활동시킴으로써 구체적인 실천의 장에서 일어나는 도덕 판단의 복합성과 복잡성에 필요한 다차원적 감각을 익힐 수 없었다. 다차원적 감각을 기르기 위해서는 통합적인 접근이 절대적으로 필요하다. 또한 그것은 어려서부터의 체계적이고 지속적인 훈련을 필요로 한다. 그럼에도 불구하고 현재의 도덕 판단교육은 정초주의적 인식과 피아제의 인지 발달 단계론, 그리고 덕교육적 접근 등을 바탕으로 초등수준에서의 도덕 판단교육을 그다지 중요하게 생각하지 않고 있다. 따라서 그에 대한 연구와 실행이 매우 미약하다고 볼 수 있다. 물론 이러한 접근법의 한계는 그것을 이끌었던 도덕 판단에 대한 협소한 개념에 기인한다. 그러므로 이러한 한계의 극복은 단순한 접근법이나 전략의 변화만으로 이룰 수 없다. 변화를 이끄는 좀 더 근본적인 인식의 전환이 필요하다. 이 탐구가 도덕 판단의 개념에 주목하는 이유는 바로 그러한 인식론적 전환을 이끌 핵심개념에 대한 탐색이 중요하다고 생각했기 때문이다. 그리고 그것을 립맨의 합당성 개념과 그 구현을 위한 철학적 탐구공동체 접근에서 찾은 것이다.

철학적 탐구공동체는 '철학함'이라는, 본질과 의미를 추구하고자 하는 열정을 바탕으로 중요하고 논쟁적인 주제는 물론 그 주제들을 탐구해 나가는 인식론적 도구들을 우리에게 제공해 주는 철학적 접근을 취하고 있다. 이것은 세상이나 인간, 삶에 대한 깊이 있는 이해와 통찰을 준다. 표피적인 앎의 차원이 아니라 깨달음을 주는 것이다. 이러한 이해와 통찰 혹은 깨달음이 없이 우리들의 판단이 합당성을 가질 수는 없다. 또한 철학적 탐구공동체는 합당성이 가져야 할 탐구를 주 활동으로 한다. 주어진 주제에 대해서 스스로 질문하고 그에 대한 최선의 답을 찾기 위해서 숙고한다. 오류가능성에 기초한 타자의 존중과 지적인 겸손을 바탕으로 안전하고 열린 탐구가 진행이 된다. 그런데 이러한 탐구가 공동체 안에서 구성원들 간의 대화와 토론을 통해서 이루어진다. 개인의 한계를 넘어 공동체가 하나가 되어서 필요한 정보와 인식 도구들을 공유한다. 배려적 공동체를 바탕으로 다양한 지식과 신념과 가치와 감정과 입장과 관점들이 드러나고 내가 갖지 못한 비판적·창의적·배려적 사고와 성향들을 보게 된다. 그런 다름이 나의 모자람을 보충한다. 새로움과 다양성이 존중된다. 그 안에서 협동적 사고, 분배적 사고, 공동체적 병렬처리가 일어나는 것이다. 이러한 사고들이 내면화되면서 자신의 사고능력을 키워 나간다. 또한 반복적인 실행을 누적하면서 사고기술들이 성향화되고 반성적 습관화의 기틀을 만들어 나가게 된다. 또한 공동체에 녹아 있는 행동적·인지적 규범들을 발견하고 고려하게 되면서 자연스럽고 탄탄한 사회화 과정을 거치게 된다. 이런 면에서 철학적 탐구공동체는 아이들의 합당한 판단을 위한 '심리적·인지적·실천적 생태의 장'이다. 이러한 철학적 탐구공동체를 활용한 도덕 판단교육의 접근법은 다음과 같은 특징을 가진다.

첫째, 인격적 차원에서의 도덕 판단교육이 일어나고 연습되는 장이다. 이 속에서 아이들은 자신을 한껏 드러내면서 다른 인격들과 만나서 의사소통한다. 그를 통해서 아이들은 자신에 대한 이해는 물론 다른 사람들을 이해하게 된다. 인지와 정서와 행동이 통합되는 인격적인 차원에서 도덕 판단교육을 실행할 수 있는 것이다.

둘째, 의사소통적 윤리탐구가 진행될 수 있는 장이다. 덕목을 주지시키려고 애쓰기보다는 덕목의 의미에 대해서 이리저리 질문하고 생각해 보고 그것을 실제의 상황 속에 대입시켜보고 변형시켜 보는 것이다. 윤리적 탐구를 보장하는 교사와 공동체의 분위기 속에서 도덕적인 개념이 담긴 이야기나 사건, 그림 등을 보면서 질문을 만들고 토론주제를 정해서 그에 대한 자신들의 이해와 판단을 키울 수 있다.

셋째, 포괄적 접근의 도덕 판단교육을 실행할 수 있는 장이다. 다차원적 실천지혜라는 포괄적 도덕 판단개념을 구현하는 데 적절한 포괄적인 접근을 취한다. 인지적 접근과 정서적 접근과 행동적 접근이 고루 녹아 있는 접근을 가능하게 한다. 또한 덕목이나 가치들에 대한 이해를 깊게 하면서 도덕 판단을 해 나갈 수 있다. 내용적 접근과 형식적 접근이 동시에 이루어진다. 뿐만 아니라 자율성 함양과 사회화를 동시에 포괄할 수 있다. 아이들의 주체적인 판단을 존중하지만 그것이 공동체 속에서 조율되며 그를 바탕으로 자연스런 사회화를 이룰 수 있기 때문이다. 특히 의사소통 능력을 증진시키면서 민주시민의 자질을 높이는 민주시민교육의 장이 될 수 있다.

넷째, 어린이를 위한 도덕 판단교육이 실시되는 장이다. 아이들이 갖고 있는 왕성한 호기심과 탐구심과 상상력은 도덕적 탐구를 추진하는 에너지이다. 그러므로 아이들은 철학적 탐구공동체 구성원으로 아주 훌륭한 자질을 가지고 있다. 아이들은 철학적 탐구공동체에 참여하여 이러한 자질을 좀 더 풍부하게 또한 적절한 것이 되도록 다듬어 나간다.

종합해 보면 철학적 탐구공동체는 진정성 있는 도덕 판단교육과 포괄적인 접근을 제공하면서 그동안의 접근법이 갖고 있는 한계를 극복할 수 있게 해 준다. 나아가 합당성 개념을 토대로 한 새로운 도덕 판단개념, 즉 '다차원적 실천지혜'를 어려서부터 차근차근 제대로 키우는 데 적절한 심리적·인지적·실천적 생태의 장을 제공한다. 더불어 어려서부터 민주시민의 자질을 차곡차곡 체험하면서 키울 수 있는 민주시민 교육의 장이다. 따라서 철학적 탐구공동체 접근은 새로운 도덕 판단교육의 접근법으로서 적절한 대안이 될 수 있다고 본다.

합당성 개념을 바탕으로 한 도덕 판단의 새로운 개념과 그 구현을 위한 적절한 접근법으로서의 철학적 탐구공동체는 총체적인 도덕 판단교육의 기획에 있어서 다음과 같은 방향을 시사한다.

첫째, 초등학교에서의 도덕 판단교육을 좀 더 강화해야 한다. 도덕 판단교육이 다차원적 실천지혜를 얻는 것이라면 어려서부터의 체계적이고 지속적인 연습이 필요하기 때문이다. 아이들 역시 충분한 자질과 필요성을 구비하고 있기 때문이다.

둘째, 인지와 정의와 행동적 도덕성을 분리해서 활동시켜서는 안 된다. 현재의 교육과정처럼 하나의 덕목을 인지와 정의와 행동적 접근으로 나누어 활동을 기획해서는 아이들이 도덕적인 실천적 맥락에서 그들을 통합하고 그 비율을 조절하여 좀 더 적절한 판단을 만들어 내는 균형의 감각을 키울 수는 없기 때문이다.

셋째, 도덕적인 덕목이나 가치들을 절대적인 것으로 제시하지 말아야 한다. 그에 대한 탐구와 자기 이해가 진정성 있게 이루어질 수 있도록 일방적으로 강요하지 말아야 한다.

넷째, 교재의 활동을 구성함에 있어서 정답이 이미 정해진 질문을 하지 말아야 한다. 단원명에 덕목이 드러나지 말아야 하며, 생각해 볼 필요도 없이 정해진 정답을 말하면 되는 질문들이 교과서에 제시되지 말아야 한다.

다섯째, 하나의 단원이 하나의 덕목을 교육하도록 하는 덕목 중심의 교과서 구성은 수정되어야 한다. 도덕적인 문제들은 언제나 여러 가지의 덕목들이 한데 섞여 있는 복합적인 실천의 맥락이다. 따라서 하나의 덕목을 아이들이 이해하고 받아들이도록 구성되어 있는 교과서 구성은 아이들의 생활과 너무나 멀다.

여섯째, 교재의 이야기가 아이들의 생활 사태와 관련이 많은 것으로 해야 한다. 아이들의 도덕적 고민이나 갈등을 중심으로 교과서의 내용이 제시되어야 한다.

일곱째, 감정교육이 강화되어야 한다. 감정을 제대로 이해하지 못하고 합당한 도덕적 판단을 이룰 수는 없다.

여덟째, 대화와 토론을 중심으로 한 의사소통이 교실에서 적극적으로 활성화되어야 한다. 이제 더 이상 교육은 일방통행이 아니라 상호작용이어야 하기 때문이다.

아홉째, 다차원적 실천지혜를 기르는 데 꼭 필요한 도구라고 할 수 있는 비판적·창의적·배려적 사고와 성향을 기를 수 있도록 고려하여야 한다. 특히 자의적인 개념이 객관적 개념이 될 수 있는 방법을 아이들이 알아야 하기 때문이다.

결국 합당성을 규제적 이상으로 철학적 탐구공동체 접근을 활용하여 도덕 판단교육을 한다는 것은 적어도 아이들에게 이미 정해져 있는 그들 바깥의 정답 찾기를 강요하지는 않는다. 너희들이 처한 구체적인 맥락을 살펴보고 그 속에서 네가 생각하는 최선의 것을 찾아보도록 아이들을 격려하는 것이다. 물론 그렇다고 무조건 네가 하고 싶은 대로 판단하고 행동하라는 것이 아니다. 아무리 너의 고유성이 중요하다 해도 그것에는 따라야 할 표준과 기준이 있고 절차가 있다는 것을 알려 준다. 그러면서 나와 다른 사람 그리고 나와 세상에 대한 평형의 감각을 갖게 해 준다. 또한 정해진 세상에서 수동적으로 사는 존재가 아니라 무언가를 구성하고 만들어 가는 적극적인 존재로서 자신들을 인식하고 타인을 인식한다.

우리 어른들 대부분은 거대 담론이 주는 정초적 인식론에 경도되어 있다. 세상에는 지켜야 할 것들이 많고 그런 것들을 아이들이 알게 해 주는 것이 교육의 몫이고 어른들의 몫이라고 생각한다. 그래서 미숙한 아이들을 위해 많은 원칙들을 촘촘히 들이대고 그것을 받아들일 것을 강요한다. 사랑이 깊을수록 그것을 아이들에게 더 강조한다. 하지만 아이들의 입장에서 보면 그것은 이해되지 않는 것투성이다. 부당하기도 하고 시대착오적이기도 해 보인다. 그래서 그들은 갑갑하고 화가 난다. 이러한 상황에서 합당성과 철학적 탐구공동체를 바탕으로 구상되는 도덕 판단교육은 아이들이 제 박자를 가지면서 그런 원칙들과 만나도록 배려한다. 저항하지 않고 화내지 않고도 타인과 세상과 함께하는 법을 깨닫게 해 줄 수 있다.


## 2. 해야 할 일들


합당성, 즉 다차원적 실천지혜를 목표로 철학적 탐구공동체 접근을 활용하여 도덕 판단교육을 기획해 보고자 할 때 그것은 여러 가지 준비를 필요로 한다. 우선 합당성 개념은 그 본질상 많은 고려사항들을 필요로 한다. 다차원적 실천지혜를 얻기 위해서는 맥락을 읽을 줄 알아야 하고 감정도 알아야 하고 비판적 사고, 창의적 사고,

배려적 사고 기술도 구사할 수 있어야 한다. 더욱이 관련된 덕목이나 규범에 대해서도 알아야 한다. 그리고 이것이 일종의 감각이 될 때 좀 더 합당해지는 거라면 그것을 얻는 데에는 많은 반복적 훈련이 필요하다. 반성적 습관화가 이루어져야 하기 때문이다. 한마디로 합당성을 얻는 데 필요한 내용이나 형식이 많으며 아이들이 그것들을 지속적으로 익힐 수 있어야 한다는 의미이다. 이는 교육을 기획하는 사람에게나 교사에게나 모두 버거운 짐이 될 수 있다. 그냥 덕목 몇 가지를 가르쳐 주면 쉽게 끝날 수 있는 일을 어렵게 돌아가게 한다는 인식을 줄 수 있기 때문이다. 특히 여러 과목을 함께 가르치고 있는 초등 교사에게는 큰 부담이다. 교사연수를 진행하다 보면 대부분의 교사들은 합당성을 위한 교육에 동감을 하면서도 부담을 많이 느낀다. 그러므로 합당한 도덕 판단을 이루는 데 필요한 내용과 절차가 좀 더 구체적으로 정리가 되어야 하고 이를 바탕으로 합당성과 그 획득의 과정을 지속적으로 익히기 위한 체계적이고 단계적인 교육과정이 마련되어 교육 현장에 제시될 필요가 있다. 물론 IAPC는 전 학년에 걸친 교육과정을 제시하고 있지만 그것을 그대로 우리의 교육 현장에 도입할 수는 없는 일이다.

특히 합당한 판단을 찾아가는 탐구와 숙고의 과정에 다측면적 사고와 성향은 필수적인데 그것에 대한 연구가 아직 미비하다. 현재 립맨이 여러 번에 걸쳐 '사고기술(thinking skill)'이라는 이름으로 목록을 내어 놓고 있고 본인 역시 초등 교육과정과의 비교 검토를 통해 단계를 구성하는 연구를 하고 있지만 초기 단계에 있다. 그러므로 그것이 어떤 단계를 가지고 도덕 판단교육에서 실시되어야 하는

지에 대한 좀 더 구체적인 연구가 필요하다고 할 수 있다.

그리고 철학적 탐구공동체를 도덕 판단교육의 접근법으로 적극 수용하고자 하려면 무엇보다도 교사의 자질이 필요하다. 합당성을 규제적 이상으로 하는 진정한 철학적 탐구공동체를 교실에 들이는 데 있어서 가장 중요한 역할을 하는 사람은 교사이기 때문이다. 우선 교사는 립맨이나 로티가 제안한 새로운 교육의 패러다임에 동의할 수 있어야 한다. 그러한 기본적인 관점을 바탕으로 합당성 개념에 대한 이해가 있어야 한다. 뿐만 아니라 다측면적 도구와 성향들을 잘 알고 스스로 행할 수 있어야 한다. 토론에 있어서 주제와 논의의 흐름에 맞게 적절하게 질문하고 구사할 수 있도록 주제와 형식에 대해서 모두 민감해야 한다. 그래야 아이들에게 단순히 가르치는 것이 아니라 보여 줄 수 있기 때문이다. 이 문제는 간단하지가 않다. 교사들이 가장 힘들어 하는 부분이 이것이다. 어떻게 아이들이 생각을 열어주고 토론을 이끌어 나가야 할지 난감하다는 것이다. 그러므로 교사의 연수와 실천이 선행되지 않고는 철학적 탐구공동체를 교실 수업에 활용하는 일은 힘든 일이다. 더불어 본인이 제안하고 싶은 것은 이런 교사교육을 교대에서 예비교사들에게도 실시하는 것이다. 이런 면에서 현재 어린이 철학이라는 과목을 개설하여 예비교사들에게 철학적 탐구공동체 접근에 대해 알고 그에 대해서 함께 생각할 기회를 주고 있는 몇 개의 대학 교육과정 구성은 매우 희망적인 것이다.

또 하나 철학적 탐구공동체가 제대로 이루어지기 위해서는 학급당

인원이 좀 더 줄어들 필요가 있다. 철학적 탐구공동체를 하나의 생태적 공간으로 볼 때 물리적 환경 역시 매우 중요한 요인이기 때문이다. 현재와 같이 30명이 넘는 아이들과 함께 진정성 있게 대화하고 토론한다는 일은 매우 어려운 일이다.

하지만 합당성을 도덕 판단교육의 핵심으로 받아들이는 데 있어서 무엇보다도 중요한 핵심은 교육기획자나 현장교사들의 인식론적 전환이다. 합당성은 정초주의적 인식 속에서도 반정초주의적 인식 속에서도 깃들 수 없기 때문이다. 그런데 교육을 기획하고 실행하는 사람들 대부분은, 그리고 어른들은 대부분 정도의 차이는 있다 하더라도 정초주의적 인식을 가지고 있다. 그들은 교육을 의사소통이라고 생각하기보다는 '아는 어른이 모르는 아이들에게 뭔가를 많이 알려 주고 가르쳐 주어야 한다.'고 생각하는 교육근본주의적 견해를 가지고 있다. 이들 대부분은 이렇게 하지 않으면 사회가 혼란해지고 도덕적으로 문란해진다고 생각한다. 그들에게는 뚜렷한 표준들이 무수히 존재하기 때문에 도덕적인 좋은 세상에 대한 청사진도 매우 또렷하다. 그래서 그것에 맞지 않으면 잘못된 것이고 옳지 않은 것이다. 판단이 매우 정확하고 엄격하다. 물론 새로운 세대를 세상에 편입시켜서 건전한 공동체의 일원이 되도록 한다는 것은 중요하다. 하지만 그것과 아이들에게 이미 정해진 규범과 가치체계를 촘촘히 제시하고 주입하는 것 사이에는 차이가 있다. 그들은 대개 그 둘을 혼동하고 있다. 같은 것이라고 생각한다. 더구나 그들에게 아이들은 미숙한 존재들이기 때문에 그들의 의견을 물어 가면서는 제대로 교육을 실행할 수 없다고 생각한다. 결국 교육을 함에 있어서 우리가 갖는 두 가지 갈등, 즉 아이들에게 무언가 내용을 주어야 한다는 생각과 아이들과 함께 생각하면서 주자는 두 가지의 갈등에 대해서 우리들 대부분이 전자에 기울어져 있다는 것이다. 특히 교육적 실행의 최전방에 선 교사가 이런 인식을 가지고 있을 때 그가 택할 교육적 방법론은 자명한 것이다. 물론 그는 아이들의 의견을 존중하고 토론을 주로 하면서 수업을 할 수 있지만 정초주의적인 인식론을 견지하고 있는 한 그런 토론이나 접근이 진정성을 갖기란 힘들다. 왜냐하면 그에게는 정답이 있어서 아이들을 끌고 가야 할 방향이 명확하기 때문이다. 그리고 그 정답에 끌려오지 않는 아이들은 모두 틀린 것이라고 생각하기 때문이다. 이러한 접근 속에서 아이들이 진정한 도덕 판단능력을 키워 나갈 수는 없다. 결국 합당성을 도덕 판단교육의 규제적 이상으로 한다는 것은 단순히 어떤 교육의 내용과 형식을 이해하고 그에 따라 수업하면 되는 것 정도가 아니라 합당성 개념의 인식론적 본질을 이해하고 인식 자체를 변화시키는 것이 필요하다. 단순히 목표 몇 가지, 활동 몇 가지를 바꾼다고 해서 현행의 도덕 판단교육이 갖는, 나아가 도덕교육이 갖는 어려움과 잘못을 제대로 수정, 보완할 수는 없기 때문이다. 본인이 도덕 판단교육을 위한 합당성 개념에 주목하면서 인식론적 기초나 교육의 의미와 같은 이론적인 배경에 관심을 가진 것은 이러한 근본적인 전환이 필요하다고 생각했기 때문이다. 이러한 본질적인 이해가 없이는 제대로 된 도덕 판단교육이 실시될 수는 없기 때문이다.

결국 합당성 개념을 핵심으로 하고 철학적 탐구공동체 접근을 학교라고 하는 도덕 판단교육의 장에서 실행한다는 것은 만만치 않은 일이다. 특히 제대로 이루어지기 위해서는 교육과 지식에 대한 인식, 아이들에 대한 인식 등등 교육의 패러다임이 전반적으로 바뀌어야 한다. 그래야 일관성 있게 목표와 내용과 방법과 평가가 구축되면서 실효성 있는 교육을 실시할 수 있기 때문이다. 물론 그것은 현재로 서는 쉽지 않은 일일 수 있다. 하지만 도덕 판단교육을 본질적인 측면에서 제대로 실시함으로써 아이들의 도덕적 판단능력을 합당하게 길러주기 위해서 또한 학교 현장에서의 도덕 판단교육이 좀 더 의미 있고 효과적인 활동이 되기 위해서는 포기할 수 없는 일이다. 아이들과 교사들이 매일매일 교실활동에서 좀 더 의미 있는 도덕 판단교육을 기대하고 있는 한 말이다. 아이들이 자기가 누구인지 무슨 생각을 하는지 잘 모르면서 자신과 타인을 함부로 대하고 아무렇게나 생각하고 행동하는 것을 그냥 지켜보고 있을 수는 없기 때문이다. 도덕교육이 그저 하나의 교육 서비스로서 정해진 대로 해 버리면 되는 문제가 아니라 진정으로 아이들의 도덕적 인격에 대해서 관심을 가지고 염려하고 있다면 도덕 판단교육을 중심으로 재편되는 도덕교육의 새로운 패러다임에 관심을 가져야 한다.

그러므로 본인은 이러한 도덕 판단교육, 나아가서는 도덕교육의 새로운 패러다임에 대한 관심과 연구와 실행이 좀 더 활발해지기를 고대한다. 이 탐구가 그러한 새로운 방향을 갈구하고 탐색하고자 하는 많은 선후배 동료들의 연구와 실행에 하나의 출발점이 되고자 한다. 그리고 그 연구와 실행이 서로의 다른 메타포들을 이해하고자 하는 마음에서부터 출발하기를 바란다. 따라서 이러한 연구와 실행역시 합당성을 규제적 이상으로 한 탐구공동체에서 이루어질 수 있기를 바라고 또 바란다.

# 참고문헌

강영계, 『철학이야기』, 서광사, 2001.
교육부, 『교사용 지도서 도덕』, 국정교과서 주식회사, 1996.
교육부, 『초등학교 교육과정 해설』, 서울특별시 인쇄공업협동조합, 1998.
교육부, 『도덕과 교육과정』, 교육부 고시 제2007−79호[별책 6], 2007.
김영정 외, 『비판적 사고의 이론적 토대와 그 활용에 대한 철학적 연
        구』, 서울대학교 철학사상연구소, 2003.
김태길, 『윤리학』, 박영사, 1983.
박병기 외, 『윤리학과 도덕교육 1』, 인간사랑, 1996.
서규선, 『도덕과 교육의 쟁점과 과제』, 서원대학교 출판부, 2005.
염수균, 『롤즈의 민주적 자유주의』, 천지, 2001.
유병열, 『도덕교육론』, 양서원, 2006.
이돈희, 『도덕교육원론』, 교육과학사, 1995.
이정모 외, 『인지심리학』, 학지사, 2004.
이초식, 『논리학』, 대한교과서 주식회사, 2005.
추병완 외, 『윤리학과 도덕교육 2』, 인간사랑, 2001.


교육부, "도덕과 교육과정", 교육인적자원부 고시 제2007−79호[별책 6],
        2007.
금교영, "막스 셸러의 인격론을 첨가한 그의 인간관", 『철학논총』제11

집, 새한 철학회, 1995.

박균열, "메를로 뽕띠의 현상학적 '몸' 개념을 통한 윤리적 탐구공동체 교육에서의 비논리적 판단의 정합성 연구", 『철학과 현상학 연구』, 한국현상학회, 2005.

박장호, "Aristoteles의 실천적 지혜와 도덕교육", 『윤리교육연구』제6집, 2004.

박재주, "플라톤의 메논에 나타난 도덕교육론", 『동서철학연구』제29호, 한국동서철학회, 2003.

박재주, "도덕적 상상을 기르는 도덕교육", 『초등 도덕과 교육』제11집, 초등도덕과교육학회, 2006.

박진환, "도덕 판단에 대한 정합적 접근", 『국민윤리연구』제52호, 2002.

박진환, "철학적 탐구공동체 방법을 통한 인격교육", 『국민윤리연구』, 제53호, 2003.

박진환, "도덕적 판단의 미학적 성격", 경상대학교 국제지역연구원 학회 발표논문, 2004.

박진환, "생각함을 키우는 어린이 철학교육", 『윤리교육연구』제7집, 2005.

선우현, "하버마스의 합리성이론에 대한 비판적 검토", 『철학논고』, 서울대학교 철학과, 1994.

엄태동, "키에르케고르 간접전달의 인식론적 의의", 『교육철학』제19집, 교육철학회, 1998.

엄태동, "리처드 로티의 네오프래그마티즘의 사유체계와 교육의 재개념화", 『교육원리연구』제38집, 한국교육원리학회, 2001.

엄태동, "하이데거의 실존수행과 알라테이아, 그리고 교육", 『교육원리연구』제10집 제2호, 한국교육원리학회, 2005.

이지애, "오류가능주의에 근거한 철학적 겸허와 그 도덕교육적 함의", 『철학윤리교육연구』제 37호, 2007.

임병갑, "과학탐구와 윤리탐구의 통합프로그램을 위한 기초", 고려대학교 박사학위논문, 1999.

조난심, "도덕교육의 목적으로서의 자율성 — 그 의미와 한계", 서울대학교 대학원 박사학위논문, 1991.

황경식, "민주 시민 제고를 위한 교육 프로그램", 『철학윤리교육연구』, 제10권 제22호, 1993.

홍윤기, "윤리학은 왜 철학인가?", 『철학윤리교육연구』제21권 제35호, 2005.


Aristoteles, 최명관 역, 『니코마코스 윤리학』, 서광사, 1984.

Aristoteles, 이창우 외 역, 『니코마코스 윤리학』, 이제이북스, 2007.

Aristoteles, 홍석영 역, 『니코마코스 윤리학: 아들에게 들려주는 행복의 길』, 풀빛, 2005.

Feldman, F., 박은진 외 역, 『기초 윤리학』, 철학과 현실사, 1999.

Kurtines, W. 외 편저, 문용린 역, 『도덕성의 발달과 심리』, 2004.

kuhn, T., 김명자 역, 『과학혁명의 구조』, 까치, 2007.

Lipman, M. 외, 서울교대 철학연구동문회 편역, 『어린이를 위한 철학교육』, 서광사, 1986.

Lipman, M. 외, 여훈근 외 역, 『세 살 철학 여든까지』, 고려원, 1992.

Lipman, M., 한국철학교육아카데미 옮김, 『도덕적 판단-'나의 친구 보임이' 교사용 지도서』, 한국철학교육아카데미 출판부, 1999.

Lipman, M., 박진환 외 역, 『고차적 사고력 교육』, 인간사랑, 2005.

MacIntyre, A., 이진우 역, 『덕의 상실』, 문예출판사, 1997.

Matthews, G., 서울교대 철학연구동문회 편역, 『어린이와 함께 하는 철학』, 서광사, 1987.

Paul, R, Elder, R. 박진환 외 역, 『생각의 기술 논술의 기술: 분석적 사고』, 호텍, 2006.

Rawls, J., 황경식 역, 『정의론』, 이학사, 2006.

Rawls, J., 장동진 역, 『정치적 자유주의』, 동명사, 1997.

Sprod, T., 『윤리탐구공동체교육론』, 박재주 외 역, 철학과 현실사, 2007.

Tomas, G., 강준호 역, 『도덕 판단의 다섯 가지 중심문제들』, 철학과 현실사, 2005.


Cam, P., *Thinking Together*, Sydney Hale & Iremonger, 1995.

Dewey, J., *LOGIC: The Theory of Inquiry*, Henry holt and Company, 1938.

Darwall, S. ed, *Virtue Ethics*, Blackwell Publishing, 2003.

Elgin, C. Z., *Considered Judgement*, Princeton: Princeton University Press, 1996.

Kohlberg, L., "The psychology of moral development", Essay on moral development Vol.2, San Francisco: Harper & Row. 1984.

Lipman, M. et al, *Philosophy in the Classroom*, Philadelphia: Temple University Press, 1981.

Lipman, M., *Pixie*, IAPC Montclair State University, 1981.

Lipman, M., *Looking for Meaning —Instructional Manual to Accompany Pixie*, IAPC University Press of America, 1984.

Lipman, M., "Thinking Skill Fostered by Philosophy for Children", InChipman, s. f. et al, Thinking and Learning Skill: Hillsdale; Erlbaum, 1985.

Lipman, M., *Wondering at the World —Instructional Manual to Accompany Gio & Gus*, IAPC University Press of America, 1986.

Lipman, M., *Getting Our Thoughts —Instructional Manual to Accompany*

*ELFIE*, IAPC University Press of America, 1988.

Lipman, M., "Moral education higher-order thinking and philosophy for children", ≪Early Child Development and Care≫, Vol.107, OPA Amsterdam: BV, 1995.

Lipman, M., *Deciding What To Do —Instructional Manual to Accomany Nous*, IAPC Montclair State University, 1996.

Lipman, M., *Nous*, IAPC Montclair State University, 1996.

Lipman, M., "The Contribution of Philosophy to Deliberative Democracy", ≪Teaching Philosophy on the Eve of the Twenty—First Century≫, ed. D. Evans, I. Kucuradi, Ankara, METEKSAN, 1998.

Lipman, M., *Thinking in Education,* New York: Cambridge University Press, 2003.

Matthews, G., *Dialogue with Children*, Cambridge Mass: Harvard University Press, 1984.

Paul, R., *Thinking in the classroom; A survey of programs*, New York: Columbia University, 1986.

Paul, R. et al, *Critical thinking concept & tools*, The Foundation for Critical Thinking, 2001.

Peirce, C. S., "The Scientific Attitude and Fallibilism" in Buchler, part I, 1896.

Pritchard, M. S., *Reasonable Children*, University of Cansas, 1996.

Rawls, J., *Political liberalism,* New York: Cambridge University Press, 1996.

Sharp, A. M., "The Community of Inquiry—Education for Democracy", ≪Thinking≫, Vol.9, No.2, 1991.

Sharp, A. M., Splitter. L. J., *Teaching for Better Thinking*, Melbourne:

ACER, 1995.

Sharp, A. M. et al, *Making Sense of My World —Instructional Manual to Accompany Doll Hospital,* Australia: ACER,, 2000.

Sprod, T., *Philosophical Discussion in Moral Education,* London and New York: Routledge, 2001.

Yule, S., Glaser, J., *Classroom Dialogue and the Teaching of Thinking,* University of Melbourne, 1994.

**• 저자 •**

**김혜숙**　25년 넘게 초등 교사로 지내면서 아이들의 생각과 마음을 키우는 일에 관심을 가져 왔으며, 특히 어린이 철학교육의 아이디어를 활용하여 교실을 토론 중심의 탐구공동체로 전환하는 일에 관심을 집중하고 있다. 이를 위해 서울교육대학교와 경상대학교에서 공부하였으며 오랫동안 교육청 주관의 다양한 교사연수와 한국철학교육아카데미가 주최하는 교사연수에서 강의를 하고 있다. 특히 최근에는 교육대학에서 예비교사들과 함께 교육의 의미와 도덕교육의 미래에 대해서 고민하고 있다. 또한 좀 더 구체적인 실행을 위해 판단력 교육을 위한 프로그램의 개발과 도덕수업을 윤리적 탐구공동체의 장으로 만들기 위한 교육의 설계에 고심 중이다


**•논 문•**
「도덕 판단교육의 방향」
「인격교육으로서의 윤리적 탐구공동체」
「어떻게 해야 아이들은 민주시민으로 크는가」
「도덕교육의 인지적 접근을 위한 IAPC 철학교육 프로그램 연구」

**•번 역•**
『IAPC 어린이 철학교육 교재 및 교사용지도서』 4권 공역
『고차적 사고력 교육』
『어떻게 분석적으로 생각하는가』
『어떻게 글을 읽어야 하는가』
『어떻게 글을 써야 하는가』 공역 외 다수

# 도덕 판단교육,
# 합당성 개념에 길을 묻다


| | |
|---|---|
| • 초판 인쇄 | 2008년 10월 31일 |
| • 초판 발행 | 2008년 10월 31일 |
| • 지 은 이 | 김혜숙 |
| • 펴 낸 이 | 채종준 |
| • 펴 낸 곳 | 한국학술정보㈜ |
| | 경기도 파주시 교하읍 문발리 513-5 |
| | 파주출판문화정보산업단지 |
| | 전화 031) 908-3181(대표) · 팩스 031) 908-3189 |
| | 홈페이지 http://www.kstudy.com |
| | e-mail(출판사업부) publish@kstudy.com |
| • 등 록 | 제일산-115호(2000. 6. 19) |
| • 가 격 | 26,000원 |

ISBN    978-89-534-3970-2 93370 (Paper Book)
        978-89-534-3971-9 98370 (e-Book)